Hamilton:
An American Musical
Puzzle Book

WORD SEARCH PUZZLES
MISSING VOWELS
WORD SCRAMBLES
TRIVIA QUESTIONS

We would like to express our most sincere thanks to you, dear customer, for your support over so many other competitiors out there. Please further help us strive and improve by giving this book a rating and a review; your opinions mean the world to us.

Table of Contents

Introduction

Hamilton: An American Musical, or Hamilton for short, is a critically-acclaimed musical story by Lin-Manuel Miranda about Alex Ahmilton, one of The United States' Founding Fathers. Featuring a score that is a fusion of hip hop, R&B, soul and pop, Hamilton truly is a story of "America then, as told by America now". Although you won't be able to enjoy Hamilton at any Broadway theater until 2021, worry not as we have the perfect remedy for those refunds and reschedules. We believe that this book, filled with puzzles and trivia relevant to the show, will wipe that bad taste in your mouth at worst, and at best you will be well-informed and knowledgeable about all things Hamilton by the time you finish it.

Rules

Word Search
Your objective is to highlight or circle the hidden words in the grid above and cross them off the bottom list. The alphabetic order of the words is forward or backward and the words themselves are arranged either vertically, horizontally or even diagonally. Words can also overlap and share letters.

Missing Vowels
The words in the puzzles below are missing vowels. Fill them correctly and learn more about the show.

Word Scrambles
The letters of the words in the puzzles below are not in order. Your objective is to re-arrange them correctly.

Trivia Questions
If the puzzles above are not challenging enough for you, these 50 trivia questions will be. Think you can answer all of them perfectly?

WORD SEARCH

PUZZLE

Word Search Puzzles

Puzzle 1: Can you name the original Broadway cast of Hamilton?

```
Y  I  D  D  N  T  R  M  F  C  L  X  J  O  N  A  T  H  A  N  G  R  O  F  F  D
L  I  N  M  A  N  U  E  L  M  I  R  A  N  D  A  M  E  A  S  I  P  V  U  D  S
R  T  H  A  Y  N  E  J  A  S  P  E  R  S  O  N  H  T  V  Y  Y  Q  E  Y  C  W
E  K  K  A  F  C  L  B  U  S  C  U  P  Y  I  P  H  L  K  D  V  L  U  O  B  H
W  K  V  L  K  W  Y  C  P  Z  H  F  B  L  I  E  Q  G  H  N  Y  I  K  K  Q  P
P  E  N  M  A  T  E  V  L  M  R  H  A  A  M  W  G  P  R  E  F  T  Q  I  G  H
H  G  Q  M  N  N  Z  F  N  T  I  Z  F  G  J  H  Z  U  M  Y  D  T  Y  E  B  L
I  L  A  Z  T  P  Y  L  Q  Q  S  D  O  Y  B  Y  K  Y  O  J  N  P  V  R  O  E
M  N  R  F  H  L  W  C  E  J  T  E  K  G  G  W  M  I  P  A  U  N  O  I  T  S
X  U  M  N  O  A  Y  D  A  B  O  S  Y  J  O  E  G  X  E  M  L  T  X  E  Q  L
W  E  O  P  N  U  H  G  Z  D  P  K  K  G  Z  R  U  S  N  E  R  S  Z  T  N  I
W  G  Z  O  Y  N  Y  T  U  Q  H  D  Z  C  B  F  K  E  W  S  L  C  Y  E  R  E
F  C  H  J  R  C  V  Z  H  I  E  N  H  C  T  W  X  D  G  H  K  V  W  O  G  O
M  O  P  G  A  X  M  G  U  M  R  V  B  Z  D  M  X  A  B  A  I  N  X  N  R  D
M  D  H  K  M  Q  S  O  E  R  J  D  U  W  S  R  B  V  F  R  K  A  P  A  I  O
U  O  I  C  O  A  D  X  Q  Z  A  U  A  D  K  E  G  E  K  C  B  S  L  O  C  M
J  X  L  F  S  G  I  O  K  X  C  G  L  A  G  J  K  E  K  O  G  X  A  D  I  J
A  O  L  E  A  E  Y  U  Z  K  T  E  J  X  M  T  D  S  U  K  I  I  O  B  R
V  R  I  N  G  L  V  U  K  Y  S  J  M  W  P  I  B  D  S  R  F  F  M  W  J  O
I  P  P  U  Y  C  K  V  C  F  O  H  E  U  F  O  E  I  F  T  V  O  C  A  E  L
E  R  A  Q  M  B  V  M  J  B  N  D  I  S  T  R  E  G  B  L  S  Q  V  N  F  K
R  C  S  X  Z  A  I  O  V  W  M  Q  R  W  W  F  F  G  B  W  Z  X  F  Z  Y  W
M  Y  O  C  Q  O  I  V  H  C  R  Z  Y  X  S  F  T  S  M  F  V  Z  J  U  H  S
U  E  Q  R  E  N  E  E  L  I  S  E  G  O  L  D  S  B  E  R  R  Y  V  L  W  J
O  D  D  N  U  F  R  L  E  F  I  S  E  J  U  P  P  P  L  W  P  Q  K  Z  I  U
Z  B  J  T  S  J  A  S  M  I  N  E  C  E  P  H  A  S  J  O  N  E  S  R  A  K
```

Lin-Manuel Miranda
Leslie Odom Jr.
Phillipa Soo
Renée Elise Goldsberry
Daveed Diggs
Jonathan Groff
Jasmine Cephas Jones

Anthony Ramos
Okieriete Onaodowan
Christopher Jackson
Thayne Jasperson
Sydney James Harcourt
Javier Muñoz

Puzzle 2: As time changes, so does the cast of Hamilton. Can you name the current cast of this prestigious show?

```
P  E  J  I  P  N  E  Y  Y  C  R  X  B  K  T  Y  A  E  O  E  J  J  L  N  H  J
L  C  Q  T  J  R  U  H  U  L  F  E  R  G  I  E  L  P  H  I  L  I  P  P  E  K
G  N  X  A  D  P  A  S  D  J  C  B  I  M  A  N  D  Y  G  O  N  Z  A  L  E  Z
D  J  T  C  W  H  N  M  I  G  U  E  L  C  E  R  V  A  N  T  E  S  V  M  D  G
F  K  V  P  L  W  M  Y  R  X  R  Q  G  I  P  B  E  M  S  S  M  K  I  C  I  P
U  A  W  J  X  Q  O  K  S  J  F  E  W  F  J  V  H  A  L  N  N  G  W  R  A  E
N  W  V  I  A  L  R  S  T  J  O  O  C  X  I  G  H  R  T  R  L  M  R  A  C  T
S  G  H  P  K  K  T  D  A  A  R  G  E  F  M  S  T  C  K  Q  M  S  O  I  U  C
H  P  K  S  F  R  O  X  M  M  V  X  P  B  M  D  H  D  H  S  O  A  X  T  P  H
B  A  C  M  W  Y  N  Y  A  E  J  V  F  G  I  A  A  E  X  S  M  U  Y  K  H  H
N  K  Q  M  T  S  J  L  R  S  H  L  N  U  E  N  Y  L  P  H  G  S  D  U  Z  L
L  O  E  P  F  T  T  Z  G  M  Z  C  R  K  J  I  N  A  M  R  Z  A  A  W  S  L
S  L  R  W  R  A  T  T  R  O  W  O  L  A  E  E  E  C  V  G  A  R  N  F  R  M
J  C  T  X  C  L  H  A  E  N  G  N  Q  J  T  L  J  R  X  H  E  U  I  Z  L  D
J  W  W  J  U  J  P  U  E  R  I  O  O  Q  E  B  A  U  Z  U  Q  G  E  W  B  T
W  I  N  T  M  O  R  B  N  O  J  J  W  P  R  R  S  Z  D  C  Q  K  L  L  J  I
A  V  T  K  G  Y  F  I  E  E  Z  W  E  P  U  E  P  G  V  S  O  N  Y  P  N  O
T  X  I  K  R  B  I  N  N  I  I  B  Y  E  B  A  E  J  V  Q  O  P  E  S  U  R
T  B  D  U  F  R  D  W  N  G  R  F  N  K  H  K  R  G  J  U  H  Q  A  P  K  F
O  H  G  Z  X  O  L  I  K  L  K  F  U  X  R  E  S  Q  O  E  V  H  R  P  J  B
M  J  G  H  J  W  K  S  P  E  X  F  N  X  X  R  O  L  M  C  U  F  W  T  W  L
R  W  K  H  M  N  E  E  W  H  G  N  S  J  W  T  N  T  M  Q  J  W  O  M  K  K
F  S  M  Q  R  R  J  J  T  A  B  C  X  Q  E  B  Z  A  L  F  U  Q  O  C  A  U
V  I  I  H  Y  M  L  C  V  R  C  M  A  V  A  V  O  Q  D  A  O  G  D  P  L  P
Z  F  B  R  G  F  W  H  C  T  A  O  S  T  Y  O  X  S  J  S  Q  S  C  S  Q  W
N  W  Q  E  Z  M  J  J  W  K  Z  U  B  K  S  M  I  R  T  V  J  X  H  K  T  V
```

Miguel Cervantes	Daniel Yearwood
Daniel Breaker	Fergie L. Philippe
Krystal Joy Brown	Tamar Greene
Mandy Gonzalez	Thayne Jasperson
James Monroe Iglehart	Marc delaCruz
Euan Morton	Jimmie Jeter
Aubin Wise	

Puzzle 3: Can you name the characters that got changed during the course of 2015 and 2020?

```
M G V D Y A K S E A Z I F X N Q E C E T P N Q R V
M O E G L O A V I O W C K Z M D A B J P P X X Z M
J V S U T L H S M C N X H U J H N R E P Y D H D A
M Z C A P V Q J A T H O M A S J E F F E R S O N K
I E V N Z M C C A V V E A J J J N F W Q M L D O V
D M S G T X V I R X Z A L G H A O G U Q C D X C Q
G O S E U M T Z O L Y E E D C Y W J P M Q K K X L
U V I L I Q M A N G X Q X P K J T P H A E I A C R
O B Y I N X A F B K B A A R I L D M L R G N R B I
I M V C Z Y R B U Z H C N A P G K H F Q G G Q H H
Q Q C A Z Q I L R Y J T D J Q R A O M U D G R D G
P P F S G L A N R E L B E W X S E O Z I Q E G B Q
H A Y C V Q R V D E E C R N Z B L K F S Q O Q L H
I W N H W I E S I F G J H A V Z I A N D N R K H Q
L M H U U F Y O O B W E A A M F Z M T E M G C F J
I H M Y P C N U D S M F M L A N A Q U L H E E S L
P K M L F V O M F W I N I D O O H H A A D I A G M
H J Z E R P L O L U J D L J K L A Q M F X I N S G
A W N R U M D U R E Q K T P O V M E C A Q I M S F
M E J L P X S O T Y E F O J W D I Q J Y M R A Z X
I H H V I P M B C K B B N T O G L A C E V E B E F
L C J O H N L A U R E N S P I N T L G T I F P E A
T M F U Q P N N V Y J K K Q P P O Q X T U W Q F V
O D G O Z J P D C D G S N W E W N T K E S Q J B L
N D B A L Y G J Q E Q G U M E B W E M H K I A F D
```

Alexander Hamilton   Thomas Jefferson
Eliza Hamilton   King George III
Aaron Burr   John Laurens
Angelica Schuyler   Philip Hamilton
Marquis de Lafayette   Maria Reynolds

Puzzle 4: More specifically, do you remember who have been these characters' cast replacements?

```
S  I  O  E  B  R  A  N  D  O  N  V  I  C  T  O  R  D  I  X  O  N  N  Z  H  Q
E  Z  S  T  Z  L  Q  V  B  E  C  D  L  O  A  H  F  T  S  V  C  A  L  B  S  J
B  J  S  T  Z  D  S  S  J  B  T  W  Q  X  K  O  W  U  W  Q  F  D  D  E  X  W
G  O  E  P  L  L  D  E  F  Z  G  C  L  T  R  T  D  T  M  Q  D  Y  E  U  K  I
T  R  U  F  K  E  E  S  I  O  Q  M  A  D  Y  C  O  A  U  S  A  E  N  S  Z  K
V  D  A  N  I  X  V  Z  U  K  H  R  N  Y  S  Q  V  R  W  U  R  D  E  B  R  J
A  A  N  Y  Y  I  A  W  O  I  G  W  D  B  T  X  P  A  L  V  F  N  B  U  G  G
H  N  M  J  Z  L  R  F  M  Q  F  H  R  U  A  T  G  N  R  J  U  X  E  V  Q  X
T  F  O  Z  I  A  B  O  E  K  C  L  E  Z  L  L  E  K  E  C  F  H  N  R  P  M
E  I  R  Q  N  W  U  L  J  U  S  W  W  U  J  O  D  I  N  E  T  Q  T  O  T  R
E  S  T  H  S  S  C  E  E  Y  Y  G  R  Y  O  P  Z  L  K  G  P  Z  O  R  V  H
H  H  O  B  E  O  T  X  H  J  L  N  A  E  Y  Z  S  L  E  L  A  D  N  Y  O  T
V  E  N  F  L  N  Q  Y  Q  J  P  M  N  D  B  F  G  A  I  M  Z  A  B  O  S  O
P  R  I  O  I  Z  U  Z  Z  C  K  D  N  Q  R  F  L  M  W  T  H  N  H  M  D  W
Z  M  A  N  D  Y  G  O  N  Z  A  L  E  Z  O  W  V  L  W  G  A  I  I  A  Q  U
N  O  O  V  F  W  W  K  E  N  D  U  L  L  W  T  V  K  K  B  I  E  X  L  Q  E
J  G  U  U  B  U  S  U  R  W  N  L  M  N  X  R  U  P  H  G  L  P  L  T  N
A  J  M  A  S  Y  M  Q  B  S  P  C  S  K  P  K  P  A  D  J  U  B  B  E  S  X
V  U  S  E  T  H  S  T  E  W  A  R  T  O  M  D  K  A  Y  V  W  R  N  Y  J  L
I  K  G  Q  R  R  W  Y  O  D  E  Q  M  Q  L  V  M  O  T  N  X  E  K  I  L  D
E  G  V  S  E  E  G  B  W  R  V  T  M  C  I  Z  N  V  F  S  N  A  L  A  G  R
R  G  J  A  M  E  S  M  O  N  R  O  E  I  G  L  E  H  A  R  T  K  K  T  T  O
M  O  U  O  H  R  Y  Q  E  Y  I  F  R  P  Y  J  Q  R  C  Z  J  E  Q  M  O  D
U  Y  Q  A  P  B  L  X  Q  U  G  L  F  G  T  O  F  P  D  O  C  R  K  L  T  W
O  M  I  C  H  A  E  L  L  U  W  O  Y  E  D  M  M  F  G  K  Z  S  S  Y  B  S
Z  X  A  B  B  Y  S  T  A  K  M  I  E  Y  E  I  K  I  O  H  L  H  Q  L  R  S
```

Javier Muñoz	Seth Stewart
Michael Luwoye	James Monroe Iglehart
Lexi Lawson	Andrew Rannells
Denée Benton	Rory O'Malley
Krystal Joy Brown	Taran Killam
Brandon Victor Dixon	Euan Morton
Daniel Breaker	Jordan Fisher
Mandy Gonzalez	

Puzzle 5: Can you name the main characters that play important roles in Hamilton?

```
H E B O L F H T D O R B V K W F R N W Y P A G E A
D Q J I G V Y J A U S T C Z K K J T X O E R T H K
G S A M U E L S E A B U R Y K I I H L J G Q Y Y C
W M Y O R R W E D D V Q R D N N K T F E G N G I U
X R Z N D J C L J U R P X T C G X G M J Y J E H J
X V S G P D N I Y H N X O M O G V L D P S Y O I M
X W E E V T L Z B Z H S O G N E A H X H C R R L A
X U A I R S H A D J O B W F I O O H W I H H G U R
Y V L R E I E S J O H N L A U R E N S L U M E W I
P A E K W C R C N J C S V L A G J K Z I Y B W W A
N N X Q L E C H R U A M R S F E K X V P L S A E R
B G A L D R U U S H D N L U Q I A V U H E J S Q E
L E N V B L L B B A R I N N I F Y H A R L H K Y
Z L D V O J E L F L S R N A N I L Q W M V F I D N
P I E U S C S E M H K J A M E S M A D I S O N Y O
Y C R C F E M R H Z K X C H A R L E S L E E G E L
Q A H W C U U N F M A A R O N B U R R T V M T D D
C S A I B V L E V F X G G M M H J F K O V K O C S
Q C M Z E R L M N S S K E S G P S U V N D Y N P M
F H I O B N I Q P I V P I S N S C W U N R I V A W
X U L X T X G Y Z W U D H Y W I N M Z P E N A T D
A Y T Z Z M A R Q U I S D E L A F A Y E T T E F B
G L O H Z I N K S T H O M A S J E F F E R S O N L
T E N N R Q O V L P D S M K A O J P X K G U A X S
I R J R Y D Q T A W V M A K D N U R N U V O V H Z
```

Alexander Hamilton	Hercules Mulligan
Aaron Burr	Thomas Jefferson
George Washington	James Madison
Eliza Schuyler	Philip Hamilton
Angelica Schuyler	Maria Reynolds
Peggy Schuyler	Charles Lee
John Laurens	Samuel Seabury
Marquis de Lafayette	King George III

Puzzle 6: Hamilton is beloved by most Americans, and celebrities are no exception. Can you name the famous people who are fans of this theatrical masterpiece?

```
T M Y N D J Q K C D P E Z Y I D R K D S H T Z J
Z J Q I A K Z I C E L I M A N N I N G M K Z F B
V X D N N J M W D C R C J Y J N U T A Y R P C T
S T U A I F F T W O R J X A J H A V Y Y U I N U
W G G D E M E N I V O T A D U N J S D P R J N K
Y R H O L A O E P R P H H N O A B Y E J H N H G
B K K B R J G I H J R E M J H K Q N N U J W P T
G V O R A E F L E G A O P U Y J I P H L Q Y O C
L P C E D M N P M H H B Q B S V W B M I S H T H
W L V V C I L A L Y W A D H Z M K S S E Z H R S
A U E F L L X T O A I M F Y E W J D J A N K B G
Y Z C H I Y Y R I B N A B Y K H E M I N E M A Q
W P P Z F B V I O Q F S H Q A G Q O C D V F X Z
K A Y B F L H C P O R R S S H I I A O R A F K T
I U S W E U Y K Y B E G B E Y O N C W E W B H H
V L K O Y N X H F J Y E N H N R Q N I W D L Y U
O G C B C T J A S O N B A T E M A N U S X N H O
I I W K N A C R B R Q A C S O B Z R L Y Y C Z Q
A A C D D L P R U I W V Y C F M P J I D R O E L
Q M R U Z K K I D I N A M E N Z E L G J O Y Y F
P A I D Y B U S F W C B E M M A W A T S O N S L
N T D W Q A Q V X N C H J P K H I V P J D K I X
Y T D J E Z R E E S E W I T H E R S P O O N I P
F I H S U O F P Y F Z B O O E I V U D T L S C Q
```

Oprah Winfrey
Emma Watson
Paul Giamatti
Beyoncé
Neil Patrick Harris
The Obamas
Julie Andrews
Jason Bateman

Eli Manning
Idina Menzel
Emily Blunt
Nina Dobrev
Daniel Radcliffe
Reese Witherspoon
Eminem

Puzzle 7: Where will Hamilton be performed in the first half of 2021?

```
T Q R F Z B Q B V N B X O L M K G L N S J
Q K L Y Z Z A L N G A Y R S H M D O U L L
N E W O R L E A N S L U G R T H B S G U C
U Q B S B X N Z G U T P X P Q A P A Y W V
W D S A O Y P P B D I C I N C I N N A T I
C A T P D P O Y M E M R W T C J X G G Y G
C D J B X O R P U X O S E A T T L E D Z S
F A L Y M V T N Q M R F P X L E G L X O J
M R F O R T L A U D E R D A L E I E D N W
Z N M R D O A H Z H B Q N C I G G S S J J
P N L V E C N C C W P N J X N B D Z T W N
R Q Y J Y H D K M J P U F V O J Q Q G A O
O C O R L A N D O W M V C Z X D K Y U V L
C F C Z F R Y D Y F F P D Y S L X O C T J
H X O A V L U J A R T D E P P X V R Y Q S
E F Z E U O V J Z E T M T Y S P O K A N E
S Y M H I T Z K S S S W R F J Q F H Y N M
T A M P A T D O M N E M O Y K J H G L G I
E L F N C E M Z P O X E I U C S N S I T R
R F X I Q P S Q I G C A T S N S Z H E R U
D K I A M S Y R A C U S E N V P X R H A I
```

Charlotte
Fresno
Cincinnati
New Orleans
Portland
Detroit
Los Angeles
Fort Lauderdale

Spokane
Rochester
Orlando
Seattle
Syracuse
Tampa
Baltimore

Puzzle 8: Alternatively, do you live in these cities that will be in the Hamilton tour in the second half of 2021?

```
O G N M S B U F F A L O E Q D T V K G
F D F P R O V I D E N C E P U T O K R
L A G D W K M R C J A T G E D V J R Y
U N B E J Q Q R O I V I D M X D Z Z Q
H I C N A G I C G F O R T W O R T H B
T Z P V C E D M O N T O N N N O O G O
J M R E K I C U P T X T J T U C S O N
J I G R S V P T Z Z M M Y B A F Z A J
E N A L O S A N G E L E S O D P G Z B
Z N E M N J M W C L N M U S D N G H I
L E K Y V E P F E X U P P T G K O E C
G A V L I E A I B S Q H M O B Q J L A
N P G X L H T H H Q X I N N Y U X P L
L O I X L V L D C T Z S O F B U P A G
E L V H E S A U P I T T S B U R G H A
Q I Q E A Y N R Y V S N K C K Q J I R
G S N L L M T H M U C G A P G W C B Y
G V V M P A A A U R Q X J A D I D S G
D U W Z W D D M E S B T A V I H S Q L
```

Boston
Memphis
Edmonton
Minneapolis
Calgary
Atlanta
Jacksonville
Los Angeles

Tucson
Providence
Buffalo
Fort Worth
Denver
Pittsburgh
Durham

Puzzle 9: Can you name the musical numbers featured in Act I?

```
S L P P O R W X P Y O R I G H T H A N D M A N E X Z Y A Z
J W U R L V N E T R O K T C Q L E U M N A E R O L H F O D
N B N M I X Z K E O J Z N P D B O I N G H C C X Q U E Y B
V P K S U B P L U Q Z M R N I S D V L T D D H C W U N D N
T H A M E E X G Z H E L P L E S S E R V Z V L B Q N L C N
C D U J N X H D P B Q U P R J P S M X F M I T K Z R T H C
S D W N A T J O J E S F B I F L T W W B V H I V M M R L D
N P E V Z E B Y H R R S F V S Y O R K T O W N H M K I L T
H J A N N N Q T I G A U L B P V L H Z I B U W G I W G B V
E D G Z Q D G M S B X P Q N Q A K V X T W J A G P O Q K G
D U W P O U X G T X R I F F A G U P S Z J R S Z D F A U X
M Y C P V E F I O B P L Z D J G V R E E V Q W L I T Q P O
H N T M R L B W R A O Y F K G T D E A R T H E O D O S I A
W T H E S C H U Y L E R S I S T E R S X L W X B I R L Y S
M N E E E O H L H F M Y S A T I S F I E D A J Z O G G E Y
J O S Q V M B O A A L E X A N D E R H A M I L T O N P S F
P N T V E M T L S S Y C T K H K X C G I O T X B W X T M K
A S O Z J A K A I P Y O U L L B E B A C K F N L C I Z B H
B T R Q I N A V T J Q K C H T L C C U K K O Z X Y K X C P
L O Y F P D A P S L Z Z A J C G D E R S K R V V E V C O U
C P O M E M J I E J H P L K E F U L O A S I E A A S K F F
E E F C U E V V Y W B A Y V U K H O X M U T V V D U F T X
G Z T E W N I D E M S G B U A T C F M G A F L I C D R A Y
J P O R X T V E S G U M B D S N T Q W M Y S H O T T H A G
P N N J T S U O O Y Z O I G E T M F H M O E A G D M B U U
H V I C D T I U N R J G F N S N C J V U N O W I S C F S S
M A G E D X G P Y Z H Q H S T V I T B B D K C S U C O V R
G O H C A V J Q O P P N X Q Q Y O Q K H K W Q W L D O Q N
Y J T G Q L O K U Z O H P T R B A E N B E Z L S H H P C Z
```

Alexander Hamilton

Satisfied

My Shot

Wait for It

The Story of Tonight

Ten Duel Commandments

The Schuyler Sisters

History Has Its Eyes on You

You'll Be Back

Yorktown

Right Hand Man

Dear Theodosia

Helpless

Non-Stop

Puzzle 10: Furthermore, can you name the music scores of Act II?

```
W B B C R M J Y Z W F Z Z N H G C F Y P M R Z D R W H W K
K H S B R Q B F P Z B N T U F W A P L I K U V V G L M F E
U N Y K V J Z J C G Q N U A W H Q D R Y B R I Y L Q K B X
V H P S J A D W J V L N U C T O F M A Q P J R M V I K J E
S X G S X L S I L W O O K I Y O I L W G X D W N E B D N E
C P H H L L T H E W O R L D W A S W I D E E N O U G H D E
H Y V B N S R T H E A D A M S A D M I N I S T R A T I O N
U H V V J T O X G T T R M Q U K R X Y V M R Z C J R I P T
Y D B S K K W R E K P I S N U C W N G D C S M V T C A S H
L B M W U V Q C J P C Y M M A X K W W Q I W T X F K H E I
E T W M C W W W M U G M A E S M O V J L Y I X E E G Y T R
R L R Q C V B H F O M E T G U G N X T F Z I F Z R W Q A O
D W C Y O U R O B E D I E N T S E R V A N T X S E I P K O
E G Y T F T L P U G N F X F S W L C I Y K S R D Y G T E M
F X B C J O P K P J N K H L L W A F Q P J Q H X N L S A W
E M L H F F B Q M J A U N Z S V S T J W L U H R O M D B H
A I O H D P E Z Q G W P N S S S T U P M T I Q C L Y G R E
T I W K W S G X P G M U X R N S T G P M U E W W D Y E E R
E W U Z E H U R R I C A N E H K I J W X O T T W S E Q A E
D X S P K N T J Y G S F K V F S M N J T M U T M P V J K I
W Y A M N K D V E A P X B F I R E W B V N P Z D A Q V I T
K G L G O L Y Y O C I G H N U K C T W H T T Q N M U B J H
A R L Q W B B P J R D E N T P U M F H Q B O Z R P C E F A
Q X A M X F Z F R N G X H E M L K G D J S W N C H H U A P
Z X W A N K X X T Q B C V X F N H Y T L M N J X L X A A P
V O A H H G W D Q A U I V L P J M X D Q R C Z E E P P I E
B X Y G Z P H S M H R X R A D C A B I N E T B A T T L E N
R F A I R G T V L S N X H K Q H B U S A Y N O T O T H I S
F M M K O E M B P T R T M Z Q Y F I F T R A J I I A U B O
```

Cabinet Battle

Say No to This

The Room Where It Happens

One Last Time

The Adams Administration

The Reynolds Pamphlet

Burn

It's Quiet Uptown

Your Obedient Servant

The World Was Wide Enough

Blow Us All Away

Take a Break

Hurricane

We Know

Schuyler Defeated

Puzzle 11: In your opinion, what is the best musical scores of Hamilton?

```
X L Z G X O P Y X I Q C I H N W B V H O I F I T L K L E
U X W E Q S H K E F J R B Y S Q U F N F W U R M I R B K
J T H E L P L E S S W J Y C N O R E Y W S W K C U Z I U
B L Z X Y O R K T O W N V F O N N D B X Q F I I L R K W
K T C R A L E X A N D E R H A M I L T O N S O Z J Y M A
I G M H O T Q P W Z Z O H H T J D U E N L Y R S B S N S
L G I V V K H Z J A G R T K P S C L D E X C Y S F A P H
N O N S T O P O E N Y L G G N Y F D F L H I Y V I V J I
R J T D N M F O W L Q A H C Y A X D J A R S X D L P E N
G D J Z W V M F F N T B A P N N I X Y S D H A C V G I G
G Q X I A Q U Y B K X L C D U S T G O T H E B X P Z W T
W E K Q I X W T V R G I K I W A U F U T K O W V W U U O
J Z G P T L C V T C F T D P X L R D L I D B X Q O A U N
C T V Z F B V Z W Q F Y A H Z N M M L M H X F P Z J K O
T E P H O X E C O I A L A Q O I H Y B E Q D V M W Y H N
Q K U K R D K E Q J F E L O G K V X E L D Y K H L C A Y
Q K N B I T S Q U I E T U P T O W N B O B E D G N G O O
I R F C T X O H W T Y J D X O R U M A R Y A M G W R A U
B L O W U S A L L A W A Y B T R F O C B D X J I H G L R
R S B F E R Z X S A T I S F I E D A K I Z P B H U U A S
T G L V T G Y O U R O B E D I E N T S E R V A N T Q X I
A W K Y V G K V P U V X S N Z A I O N G S N F T N C R D
K S J N Y U N I G Y U U S C Z C Q V I M I O K A M O L E
T H E R O O M W H E R E I T H A P P E N S E Q X L K O Q
S N O J D T H E S C H U Y L E R S I S T E R S M L E O N
G T R V I C R G V N L Y M D E I F H N K F X D C P M H E
Q Y X L Z P B B Y D P Z D S F Z Y X U A K T X Q W D D H
O B G E R U A N K N Y Z G B X M L K N G E R A K P P B W
```

Satisfied

The Room Where It Happens

Wait For It

One Last Time

Burn

Non-Stop

Yorktown

You'll Be Back

Washington On Your Side

Alexander Hamilton

It's Quiet Uptown

Helpless

Blow Us All Away

Your Obedient Servant

The Schuyler Sisters

Puzzle 12: What awards did Hamilton get nominated for its Original Broadway Production?

```
H L V D R B K P R A Y X A R G W K H A Q A M U Q N P W J N D D
S O T B T S Q I V G Z Y X N Z U B K C B Z D K E F S W U L D Y
F Z W B I L L B O A R D M U S I C V E D L N W A B N R Q P D V
H G J N U Q C V K G S Z P G N N J U X S Z I U O L L P X N E E
Z R L Z S M G X W L Q N J S B C S Y O L A U Q Y D A Y O A L D
U A X D C R P V Q Y A F M A I Y Q Y V E L K F J I A I Y F F W
Y M C M S Y H K T J E B N X E F N X M E X J P R E J W R L S A
Z M N Q L I B U I U F B A Q F I P L C F Y G C C Z Y X O S E R
Z Y W L X D R X R D P H A Y B A O M L H I Y Y L L B Z N E L D
D D J F U Z H S W R U V C W A Q G W Y G U Y P H C R X W H G M
X W N K C G Z T G A Z J P Y R C B F V J B U E Y G U U B A U K
Z P N E J B V W M M D B I R U D Z M C R H R E R Y H C D K K E
Y J A G O U J M D A R N M I M F P L R B B Z Y T O A C N A I N
G Q N M E T W J Z L X D A A P U L I T Z E R P R I Z E P B Y N
T T M K K V M A B E E S G M S N A Q M G E I B H H E F G T D E
E X R R Y C O Q B A P N E C U Y T O N Y M S H C E B Q U E L D
Z R E F U T P I X G V E D A V F G G W A X T C K J Z Y U V C Y
S K L Q X I A H Y U O X J N U S T C P K F U A E V V U U V F P
W T M N Y C Y I G E G K X G N V Q K R K P A B T W P A H I G R
X K E N N E D Y C E N T E R H O N O R S P M U E W X B G L E I
A E S W Z R T C S I N L Q D U U I F Q U J G N Y S T O A J L Z
K B S O X D W P N E S J P W Q J W U L Q F Q J T R Y M W O G E
A B V Z Q B G D R A M A T I S T S G U I L D O F A M E R I C A
J R G C E I A Y R Q V Y K D J S F D Y W Z U N U V I P S B V G
D I C B U Y D C A F Z I T E H G G X F B M P R C S Q G V X D U
U X R A W G Q M I Z L F D W X M Z F Q X C K B Y P N J M T V V
Y G L Q V K N R Z B C F F J C W X D I B E U T L D K A Y D A D
L K E E Q E N F R E D A N D A D E L E A S T A I R E C V N S S
B Z U C O N O P K C W A S A U R V U X E E Z R E C T Y Y D G L
V M S K I U C I P Z P S D F D K N D V Y L C D F D R Q Z F P E
Q S O X N A I Y C J B G M Y I C P U F Y J C C H J K Y Z B H A
```

Tony

Drama League

Pulitzer Prize

Grammy

Fred and Adele Astaire

NAACP Image

Dramatists Guild of America

Edward M. Kennedy Prize

Billboard Music

Kennedy Center Honors

Puzzle 13: What categories was the show nominated for?

```
N X W K L C F I M H A I F C A O R C H E S T R A T I O N S Q D I
V K N T S P Y U H Z F K E O E R I C R T M V G S H L O H W B O A
W N J W C B P K J P D F A S H S B I T R A M V D C Y Y H Y B E R
H F M H B J D F F L G A T T D C P D Z L D F S E B K U B U S D A
V O U W F V W W B Q X A U U F E V W R H F H F K Y U K V G M Q G
U C S S F Q R U Z E N I R M M N J G T K Q S D M L K L E V D A B
N Q F Z E X N Q K E U C E E R I S C L E U O S U X Z Q H B K Y I
M K I Z K A M X M F K E D D B C L Z A T T R R S U Q G J K Z Y F
S M Y J J G I O L K K M A E B D K M F O R I G I N A L S C O R E
T W R W K T Z X L S Q B C S U E Z L O W Y E B C P J R J C E Q Z
N V H X R Z M Q K U F P T I Y S N Z N T Q P C A E X C H R J C W
Q V U U X P N M H P K U R G F I M W X E A M M L K F T U D O F K
V H Z N O N P Q S P E N E N N G C P L M I R L T Q U I S D R I J
R M V X R E D V T Q E W S O M N N M R Q N C D H Z U C W I M C R
C L D T V M K I X Z S A S F V O V Y P V H Q R E E D K C E L N M
P Q R I T A B D J G V Y I A Z F V U I A N E A A Z G M S T X R Y
J Y A Z I L C Q N Q G I N M Q A E K B F A Q M T G V T O J Q T G
P K H R C E W G P B K S A U W M Q V R M P P A E P Y A P M E K V
F S C N X D Q U H Z L E M S A U B X G Y P Y X R A X K N C N P J
U X H C O A F Y D C B B U I W S D C Y A J Z P A W C K X U V N D
J Y O L N N H I Q W K S S C U I Y K P Y Z M E L T E G F D Y S D
V I R H K C C G I M I S I A X C A N O G Z T U B B H N E X A I T
G T E Q E E G S O U E Q C L C A F I Y F T A D U O R Q R J M L N
L Z O F N R E D N E F U A V Z L C E A L B F B M N P K F V W Z Z
C N G S L F B V A N J Q L S P H M G O W P J M N I K V B N E N L
L A R N V Q O U T S T A N D I N G E N S E M B L E B F E U C Y B
S X A D T D M L J B E S T M U S I C A L G P F Q P P C J O A T U
J N P D N A U M D I R E C T I O N O F A M U S I C A L R D Q C G
N F H X C K G B Q Y W Z G Z F W J L J U Q D N Z I R J K E A E U
L B Y L Y E F B J I Q E X F H Z V X E G R K Q G E Z J S O S J J
W G F J K R A O H R Y C Z C J O F Z M U V D U Y E S W Y T Y V E
C V J U X Z M J B B U Z A C T O R I N A M U S I C A L U T V L V
```

Best Musical   Choreography
Original Score   Orchestrations
Actor in a Musical   Drama
Featured Actress in a Musical   Musical Theater Album
Scenic Design of a Musical   Male Dancer
Costume Design of a Musical   Outstanding Ensemble
Direction of a Musical

Puzzle 14: Can you the name the people who won these categories?

```
B V O K I E R I E T E O N A O D O W A N X T O T I Y
A W X Q Q O K U W S E W J G Y L I T Z F N Z X A Z V
Q I Q S O C R Q V T C C T M P F L R O I D X Q M U K
Q V T W J W X V Q S G H I J O N A T H A N G R O F F
M V O I G B N Z H W K R R F M X G Z V S E E Q N Z F
M O J D W O F Y Y M Y I E N R N J K D Y K G T V U S
S K Z X F R B I R K H S N M W L I W F D D P M P D V
A I X M U W Y I G B O T E W D V F N A D T I M B Q G
N W V D C A R O T W O E P X R G R P U D L X L Z X
D N D U Y W T P M K E P L L E S L I E O D O M J R T
Y A U T S S H U H T L H I C A J H E C B D X V C F B
B K J G J A O S F B L E S P G O G R H T S I O D B I
L K Y N R T M Q Q J B R E L N B I K H H C Q U V L O
A M R C A X A T I D I J G D I D A V E E D D I G G S
N G T M C Z S A Q Q N A O P A U L T A Z E W E L L S
K U C E P X K G O O K C L H X Y V E S D E Y F X V C
E K Q O M G A Q B T L K D A H M I R T H O M P S O N
N U W S W L I H N J E S S B F S G U E M E O L H Z O
B W P X T C L B V E Y O B L R X S O C M F X N B D E
U C V N D W Z M X P L N E O D P C J P R B O M F D H
E M H K E W Z V Y R O F R T C D G H M L N I M T W E
H A B I U F W I J Y D H R J B B I L L S H E R M A N
L J D W S T L S S C P Z Y Q O I E Q Z R S N C I C P
E T L Z R O A B A A L E X L A C A M O I R E W M D V
R Q G F A N T H O N Y R A M O S I R P N G P X Y I E
L I N M A N U E L M I R A N D A M P M B A Y L L I X
```

Lin-Manuel Miranda	Alex Lacamoire
Leslie Odom Jr.	Jonathan Groff
Daveed Diggs	Christopher Jackson
Renée Elise Goldsberry	Okieriete Onaodowan
Paul Tazewell	Anthony Ramos
Howell Binkley	Bill Sherman
Thomas Kail	Ahmir Thompson
Andy Blankenbuehler	

Puzzle 15: What is Alexander Hamilton like in terms of personality?

```
L P P X V S J K Q B U B A B G L W S F P A E
F F X W P L B C V D H C X O A O N I L R P N
D R F Y K L O Y K E S F X P Q A U T Y B V G
J B A D N Q L H G T N Z A Q I C G N B D V C
H R X M S F D V R E I T F M J N T V P S R M
D I L I G E N T F R B Q J O T F F A E C W R
C O X A I U I Q U M H T M Q B M N B A V O S
M P V E O P E R S I S T E N T F G H C Z R B
R I U V A F X I N U X X Y T F H J E Y K N
D N M W E S Y P K E X X V F S R S B F A A V
E I N M R U H O B D V M S B J G S U U D H I
W O E A A H V L D A C N K V V L H E L R O E
U N I I C X N I M I W E V L S D J Q F I L J
T A P A H G S T B L Z V W U L W C H D V I B
Q T H K I U L I I N T E L L I G E N T E C O
S E K U E W T C H L Y B Z P F S T W S N X W
P D P K V E D A W P Y C T E J D S M U Y Z U
G L B R E R K L N M N I W G T L X Z V P R H
A K O I R I E S T R A I G H T F O R W A R D
D K R N M F M A W U L V H U R R I E D K L K
A W P O U G J E S S J Z L K R F E S F I A
N I C W S Y U U W Z H S H W K R Z H S B Z C
```

Driven

Workaholic

Persistent

Diligent

Opinionated

Hurried

Overachiever

Political

Intelligent

Peaceful

Bold

Straightforward

Determined

Puzzle 16: What are some facts about Alexander Hamilton?

```
P P F O V Q Q P H F Z O I G D J F A E U A T B A I
K Z R E C N B L T W J M B K R G U B F A C I P G D
S Q B Q K Y V U H Y J R X A O G U M I K K R O W N
M U S E L F T A U G H T L A W Y E R T U R Y N M S
S X J L W Z L O K P F O S R A M W Z D T F L I C G
Y D U T B G M U K Q U X C O Y R A V B O V U M E T
L J M J R D Q X P Q W G U N O T L F F H F C F T L
A Q D O M I P A Q X A W Z B O G K H H Z F W T E W
D Q F I G E O N M C T L N U W Q U K Z C B R N D A
E F E D E R A L I S T P A R T Y Y J M E S Q H D N
G Y E V R B H S O F E D E R A L I S T P A P E R S
O H L E Y D C D U P D U E L C O N T R O V E R S Y
X L X X I S A R S O G O Y B L H O U U Z B U H S C
L J Y H X K R T R E A S U R Y D E P A R T M E N T
Z V W S V I I K C T K P T M V S K A D F K V C E X
S Z C Y K L B Q T R Y B H E E U Z M M S A V Z T Z
N W U B Z L B D K Y J J E J G A V Y R H U H L D O
V O O N Z E E U W V O X Z C E G J B V T R E O H A
O G Q D L D A B J H O N O R A B L E S O L D I E R
S S K P C W N P U Z W Y F U J H E U Q F V E W U O
U W S F D R D G E N I W G G N L B J F M A A N B B
R A I F S I A I D E D E C A M P A Z I V X D F J F
D K D B D T W Y P B C J R U B G O S Y H E S C O F
L F E H E E R K P L P G U N E W Y O R K P O S T W
P Y U B X R S B X F N O B R Q K P N G F N N F G O
```

Caribbean	Federalist Party
Skilled writer	Aaron Burr
Aide de camp	Duel controversy
Honorable soldier	New York Post
Self-taught lawyer	Dead son
Federalist Papers	Poetry
Treasury department	

Puzzle 17: What is the meaning behind the song "Alex Hamilton"?

```
G C M B I G U C B J C K F M M O S X M L Y H
Z D C K Q A Y P F K V Y P Z Z D S G N L D O
M O N J N V C H Q I N T E R N A L P A I N I
I M O G I D T U W D X K H C C T E X H M Z Q
R A P S C I J R K D P R D G V N M R O Q Q Z
R N P T G O R R Z G A X G N H A M B N T L B
F O X R D P O I L H V A O K X L A O P W Q C
Q N H T H W U C P E J H L E M E B J F Z Q F
K Y U D J O G A U C Q N T S K S A A L F N D
B M M Q F S H N N E W L I F E D N C E J Z G
Q O V F N J C E R U E V R Z Z P D E B Y M B
D U F J Y U H C H A R T E R G F O T R X T Q
M S G M H X I E Y O C L E R K C N J V A Z V
P L Y I V R L U C Y Q Z P Q Q G E Z V O S I
S E A V Q D D T K O L S L A M E D K P K L D
L T W A X S H C R M V W V N J Y J C F D N Q
A T R I D A O E K O A E C P E H Q O O F K G
V E D X D S O O P P O R T U N I T Y Z A S U
E R Z P V I D F L I Q Q D L D B R F K U Z T
R N P X W Y D E L K K B H E Z A T Z H F O Y
Y M G A S E U N Z J D X L C U L N I G K L H
U B X C H I R X Q E D P E H W S W E B B Y C
```

Rough childhood
Abandoned
Clerk
Charter
Hurricane

Opportunity
New life
Slavery
Internal pain
Anonymous letter

Puzzle 18: Do you remember the words from the song "Satisfied"?

```
V B O S G M G O S S I P P U I C V C
X R I P R O V I D E E B T H N R C F
V E B R I D E U S R A K S B S Y K F
F D R E A M L I K E V V O X I Z X P
W R S S G G D Z D R B I L E D E E K
I X H K A K M T M U R U D T I N I L
T I H U N G E R P A N G I H O U R Q
T C A N D L E L I G H T E E U L B E
I F U N D A M E N T A L R W S I F O
E Q T P L V M Y H B P R A I S E D Q
S M P P S J V C W F R V E B G W U V
T N O U D K K R A W E K J U N D E B
B W G R O R I Q B R Z K M D B P Y L
E Y C R W G U U Q P L A L D X N F A
C B M D A R J N V A R K O E Y V U V
G L S K Y O Q I Q C A S K A N C E D
E J U D E O Y O Q D A Y E H N U R H
K H F T B M C N N P E N N I L E S S
```

Bride   Insidious
Groom   Union
Provide   Penniless
Soldier   Wittiest
Praise   Gossip
Dreamlike   Fundamental
Candlelight   Askance
Hunger-pang

Puzzle 19: Do you know the words from "The Room Where It Happens"?

```
D G X W M Y T W A B A X O F N Z S Q X U
B T S A Q B O F G L G Z Y R X O V N J D
V V G O C L M O R Y S M S R H M U U H W
Z B Z V N C B U N P R E C E D E N T E D
I C A P I T A L Y N M K U D X X B I E A
F B W L H F K C M O I P Z J L G I C V D
R S I N N E R O A Z T N M Z N E O O X N
E F R A Y W G M L I Q D E W U T D M V W
I A K K N L M P E L Z L R F D P X M D S
V A S R N M X R G T V R C Z N C G I G H
D F A C B B H O A I M M I G R A N T R K
Q D B J M D E M C H B Q L O D E B T A E
B D A Y K I A I Y U L H E K C E C E M J
W I T Y Z S Y S R R O L S N S D J E S S
B X C I P A Y E I E W Y S U A F E H G S
W K O J K R W B Z P I B B Y U W D Q I R
P X E M E R G E Y A K Y U W S S N V B U
Y Z I G W A F U G U A N K A A Y D A D F
N M F K G Y M B A C I N S I G H T N O A
R X M O B P R H R F A H L F E S F T B Z
```

Legacy
Debt
Merciless
Sinner
Immigrant
Compromise
Unprecedented
Disarray

Fray
Committee
Insight
Tomb
Emerge
Capital
Sausage

Puzzle 20: You are a Hamilton expert if you can recall these words in "Non-Stop"?

```
E K O I T M E D I O C R I T I E S X M I E
T X B N C O N S T I T U T I O N A N G N R
C X B N W D E L I B E R A T I O N R N D H
O A Z O G Y J R H G D F L V B Y E P X E R
N Y V C M Z S U C C I N C T D E Z V C L L
T D X E O C O Z O W Q C T U Q P H L D I R
R E R N A B J Y X Z N E A J S P A Q V C B
A A C T D W O G V U X U J I T R U Q D A W
D L I T A X V A M M U N I T I O N F T T E
I U M K Y D N G F J V W W A B C J X G E L
C W S K I K F R R D Q A O B D L M P T K X
T U L B Y T M L A E V T R R A A I N Q O O
I V Q Y P F B F C L L D A A M M R W Q Q Z
O H U M W H F D T E D J A S E A A Z N H P
N A S H V U R S I G A H S I N T C W A L X
S Y Q F K L N I O A E T M V D I L V W N J
P L T L I R U R N T S K A E M O E F P O W
I I E O Q N I N D E P E N D E N C E K O V
W C F T R Z V K L T I N L K N W U P E I Q
X Z L H U L T O E T F P K G T L X V O M F
Q U Z A R B J G W L V T I U S Z U N I E X
```

Mediocrities	Amendments
Deliberation	Abrasive
Innocent	Succinct
Fraction	Ammunition
Miracle	Proclamation
Constitution	Indelicate
Independence	Delegate
Contradictions	

Puzzle 21: Do you think you can remember these words from the song "Wait for It"?

```
O  G  W  K  R  E  S  T  R  A  I  N  T  Q  Q  C  P  N  H
Y  A  G  D  S  H  G  A  J  C  Y  G  H  Q  K  C  D  C  G
K  Y  A  M  A  Y  K  E  J  Y  V  H  L  Z  B  B  B  P  K
O  S  B  H  I  M  Z  K  Q  U  S  T  A  K  E  S  L  G  X
Z  I  X  J  N  N  C  G  R  Z  H  F  K  K  R  Z  T  M  G
B  Q  Q  U  T  S  S  J  E  B  U  S  G  W  K  L  D  T  I
F  S  F  E  S  C  X  E  L  F  C  E  S  D  J  T  C  H  Q
L  L  C  O  L  O  N  I  E  S  Z  N  V  I  O  V  P  R  W
H  E  S  I  T  A  T  E  N  Z  M  D  J  S  S  K  N  I  D
U  F  T  V  K  Z  A  G  T  Y  W  L  D  C  L  I  H  V  X
G  N  V  N  T  D  T  P  L  J  W  E  S  R  D  H  X  E  G
X  P  D  C  G  G  C  L  E  C  B  S  C  I  S  F  R  J  S
I  R  G  W  W  J  K  O  S  V  H  S  N  M  V  N  H  A  X
A  E  S  I  Y  J  Z  O  S  I  N  I  M  I  T  A  B  L  E
X  A  H  O  M  I  L  I  E  S  L  O  R  N  K  L  D  C  E
P  C  F  O  Z  S  Q  Z  I  Y  F  H  R  A  U  K  V  X  H
F  H  B  R  I  M  S  T  O  N  E  G  Q  T  M  X  O  E  T
B  E  I  E  G  S  O  F  D  N  F  V  O  E  D  U  H  D  Y
T  R  S  I  N  N  E  R  S  V  K  T  A  R  T  Q  U  E  A
```

Colonies

Discriminate

Sinners

Saints

Brimstone

Preacher

Homilies

Hymns

Endless

Relentless

Hesitate

Restraint

Stakes

Thrive

Inimitable

Puzzle 22: Find these words which are from the song "Yorktown"?

```
X E G Q V C W M K W T D M K P U W V N
H F K P W N D P Z M N X D T G R Y D L
B P H U G F M A Z W W O T E C Z Y N F
R X J U C D Q E X P E C T I N G F E D
A H A N D K E R C H I E F N K H E T I
V H S U L T G W U O C A F G G J I R K
E U U Q H M O U J Z K Q G H M J F U K
R W R C J X V B O M M B K S E K O F V
Y T R O B F R E E D O M R T M E W X V
A F E V A U L P T Z H X U R O I N P W
X Q N E Y H R A T M V U F A R T U F L
X L D N O O N R F I C H F Y Y A D I W
U D E A N U R A M N Y O I U M H G K O
M A R N E Z U P Z P Z F A G E L U U U
M B B T T S W E A T Q C N U E V N F R
Q C Z R L E V T F F X W S O T A S Y P
B S C R A P P Y N P F W E G C J H X Y
D U N D E R C O V E R J H S N A O H T
L A D F R Y I Y Y Y U N D R X H T X O
```

Sweat	Bayonet
Freedom	Bravery
Scrappy	Covenant
Memory	Parapet
Expecting	Handkerchief
Undercover	Surrender
Stray	Ruffians
Gunshot	

Puzzle 23: Prove you are a Hamilton fan by finding all these words from "One Last Time"?

```
C X T A T N D D I K D Y J X U I K C P A R
E K A U A I E Z E A L C J H I F V O M X F
N H D N S N F U N H Z H R I I D U B A J D
H X M C C C E Z O O P W N G L J M N M Q V
Y L I O R I C T N I K Y G I O H A O A A B
S T N N I D T X T N S T K G F M Y O E G M
E R I S P E S K Q F G I N D U L G E N C E
U N S C T N L Z O L Z Y V D V K E M R L S
W Q T I U T K L Z U O B L I V I O N E L V
N G R O R S C Q J E I D K C F V G P T N M
X O A U E C B F W N M A N S I O N S R Z C
U V T S Q B M K I C C M M O T M Q I E L I
Z E I B G H I N T E N T I O N A L P A Y E
A R O E X P E C T A T I O N C J K F T I C
E N N M V M B T K B T D H K Q O Y E Y H F
T M N B U J M G L Q B X E M Y T X O G M E
R E B C K L P I X U X X S E N S I B L E I
Z N F H U M A M F W W P C E Z X S G A H X
D T K H R F I D D A N X Y B R M D X W Y D
O I J F Z Y R L V L P P O O V R N V H N R
A G Z Z D B D L K E K A D K B O F R W M C
```

Scripture

Incidents

Administration

Unconscious

Intentional

Sensible

Defects

Indulgence

Zeal

Oblivion

Mansions

Expectation

Influence

Government

Retreat

Puzzle 24: "Helpless" depicts Alexander Hamilton and Eliza Schuyler's romance and eventual wedding. Do you remember these words from the song?

```
D H J V J Z Y C R I N S A N E L K
F X W G T J V S C N H X B S J E X
W O H J D C U R N D E P R J J G N
L I I U L O P I J E N H M W K G X
O Z S A V L E Z O B L G M S D Q M
Y G P P T M S T O N E F A C E D Q
A G E V R Y V V O L U M E L G G U
T V R G O S I A R B T T B T G Q S
O U O E O P V F O U R H Y T H M J
L W X K P O O U Q C B G T A P O S
E A P R W T U Z D K A T S W Q W W
R H X D E L D R O W L O H A R E M
A R Y J Y I A E L I L H Y E X W I
N F U J G G C B L L R J W E P S R
C D R G K H R E O D O U Y C F E Z
E Y X J I T E L P T O P N O T C H
I P X R H K E S D R M W I D F O B
```

Spotlight
Rebels
Ballroom
Volume
Rhythm
Whisper
Harem
Stonefaced

Acre
Troop
Dollop
Tolerance
Top-notch
Insane
Buckwild

Puzzle 25: "Your Obedient Servant" is based on Hamilton and Aaron Burr's correspondence preceding their duel. Do you think you can find all these words from the song?

```
X  G  L  E  E  H  U  D  M  V  H  B  T  Y  M  C  F  T  R  Q  K  W  E  J
E  C  O  N  E  P  G  D  A  V  D  B  V  O  Z  U  P  I  M  J  A  X  O  A
X  C  A  S  Q  X  J  A  R  E  P  U  B  L  I  C  J  L  R  L  C  O  E  I
W  W  K  U  U  V  J  D  A  R  R  O  G  A  N  T  X  B  W  P  C  O  S  O
T  F  Y  V  I  B  T  T  D  J  F  B  G  D  T  B  I  A  W  W  U  S  U  D
B  M  K  Q  V  K  V  B  A  H  X  J  H  J  X  G  P  S  Y  U  S  L  U  Z
G  M  G  X  O  L  E  G  I  T  I  M  A  T  E  A  Z  T  Y  E  A  K  N  G
Q  Q  Q  W  C  D  A  M  O  R  A  L  T  L  Q  Y  U  A  D  A  T  G  Z  T
A  I  H  L  A  J  V  P  K  Y  P  R  K  N  S  F  N  R  V  D  I  C  J  S
M  I  Z  X  T  C  N  I  D  G  S  T  H  T  O  X  W  D  P  L  O  R  U  J
U  U  Y  T  E  U  B  T  B  I  O  T  L  B  P  M  H  B  J  M  N  O  Q  O
D  H  O  F  B  S  U  C  C  R  S  B  T  G  N  D  O  N  L  B  S  I  N  B
Z  L  K  D  A  N  G  E  R  O  U  S  D  I  S  G  R  A  C  E  S  P  H  K
A  P  N  S  Z  S  S  H  I  X  H  D  F  S  C  A  E  V  X  I  G  Z  Q  R
R  V  G  Z  X  G  Y  N  N  V  O  U  H  B  Q  H  S  M  A  D  C  A  B  U
R  Y  U  O  A  G  A  N  T  W  N  Q  H  W  Y  C  O  S  G  Y  Y  X  H  K
G  R  I  E  V  A  N  C  E  X  O  X  S  C  A  H  N  F  E  T  L  N  O  O
U  J  F  L  F  G  U  N  M  X  R  Y  I  K  S  M  Z  V  N  X  P  E  Y  C
E  R  U  R  K  Z  A  Y  P  A  N  G  E  R  D  Q  C  M  D  E  G  U  N  D
Q  O  R  P  H  A  N  H  E  I  V  U  X  F  D  S  H  B  O  L  T  W  S  Z
W  I  B  I  E  N  H  Y  R  L  H  G  P  K  K  G  T  N  R  Y  C  R  Y  C
R  G  N  Z  O  F  Z  G  A  X  D  E  S  M  U  R  N  H  S  J  Y  W  E  R
C  B  Q  J  L  M  D  D  T  W  G  V  F  J  T  Y  U  J  E  M  U  D  L  A
G  Z  M  A  N  J  C  E  E  X  B  K  Z  X  C  V  H  H  M  L  T  Y  M  D
```

Arrogant	Honor
Orphan	Equivocate
Bastard	Grievance
Whoreson	Republic
Endorse	Intemperate
Anger	Accusations
Amoral	Legitimate
Dangerous disgrace	

WORD
SCRAMBLES

Puzzle 1

Can you unscramble all the last names below? If you are a big fan of the musical, you can easily recognize the following characters.

1. doianms　　　＿＿＿＿＿＿＿＿＿＿＿

2. uyrasbe　　　＿＿＿＿＿＿＿＿＿＿＿

3. drloeyns　　　＿＿＿＿＿＿＿＿＿＿＿

4. rekeac　　　＿＿＿＿＿＿＿＿＿＿＿

5. ysucelrh　　　＿＿＿＿＿＿＿＿＿＿＿

6. nkox　　　＿＿＿＿＿＿＿＿＿＿＿

7. ipeilhpp　　　＿＿＿＿＿＿＿＿＿＿＿

8. reraet　　　＿＿＿＿＿＿＿＿＿＿＿

9. tesnsve　　　＿＿＿＿＿＿＿＿＿＿＿

10. eaylfteta　　　＿＿＿＿＿＿＿＿＿＿＿

11. imhntaol　　　＿＿＿＿＿＿＿＿＿＿＿

12. hisnnwoagt　　　＿＿＿＿＿＿＿＿＿＿＿

13. elusnar　　　＿＿＿＿＿＿＿＿＿＿＿

14. fojnefres　　　＿＿＿＿＿＿＿＿＿＿＿

15. eenreg　　　＿＿＿＿＿＿＿＿＿＿＿

16. glnlamiu　　　＿＿＿＿＿＿＿＿＿＿＿

ᛈUZZLE 2

Can you complete the following list of rare words from the musical?

1. ihosvmeprdie _____

2. nahcary _____

3. satute _____

4. mfihdsea _____

5. ueeitdtts _____

6. memiinnt _____

7. anmeetstt _____

8. aqulsro _____

9. nisoittutre _____

10. eaynacdcns _____

11. nsominmaisu _____

12. narbdish _____

13. rogyidp _____

14. kwag _____

15. ipeebaaucmnlh _____

16. bittnsilooia _____

HAMILTON
AN AMERICAN MUSICAL

Puzzle 3

Here is a vocabulary lesson from the musical Hamilton: An American Musical. Some words are quite difficult to unscramble. Let's see how many words you can solve.

1. tsiesddnsi _____

2. iturcied _____

3. lebarb _____

4. dlcouck _____

5. cbusftoesa _____

6. etroanp _____

7. tcteerin _____

8. aevedtern _____

9. omnsnsiamui _____

10. tdecqaitu _____

11. dmouaelt _____

12. amaolr _____

13. rlmtcaeidliya _____

14. eiqcatoeuv _____

15. emiitianbl _____

16. iusidison _____

17. cuavsuo _____

Puzzle 4

Are you curious about word frequency in the musical? The puzzle consists of the most common words in Hamilton lyrics. Let's see what they are.

1. iawt _____

2. soht _____

3. omro _____

4. aohw _____

5. iiaetfdss _____

6. aayw _____

7. hye _____

8. temi _____

9. nwok _____

10. gtinrwoh _____

11. ardaeenlx _____

12. verne _____

13. rrbu _____

14. agnon _____

15. mhoianlt _____

PUZZLE 5

The following puzzle features many remarkable words from the musical
Hamilton's Act II.

1. spendmuyo   _____

2. kcludoc   _____

3. antgrstninie   _____

4. creitnet   _____

5. fyra   _____

6. eofirft   _____

7. arisantp   _____

8. ssyab   _____

9. iinqtgisdeu   _____

10. sieelrcsm   _____

11. corinatter   _____

12. rtynyan   _____

13. dtneercpe   _____

14. uttpars   _____

15. lmtpayoh   _____

16. toneistj   _____

PUZZLE 6

The 3rd President of the United States, Thomas Jefferson is also featured in the musical as an antagonist in Act II. Let's solve all words to learn more about his background information.

1. hhrpolosipe   _____

2. rafeled   _____

3. tdpenires   _____

4. otmlaipd   _____

5. leywra   _____

6. riiniagv   _____

7. afsmtdnar   _____

8. ctipiaonli   _____

9. cubnlaripe   _____

10. mdtarcieco   _____

11. sialidanlmap   _____

12. iibcnaplmesru   _____

13. thrcetaci   _____

14. aatsnesmt   _____

15. enrpalt   _____

Puzzle 7

If "Wait for It" is one of the songs you like best in the musical, the puzzle is just a piece of cake to you. Let's try solving all the words from the song.

1. gnlaiiro _____

2. mbeilinita _____

3. eskta _____

4. olve _____

5. omliyh _____

6. ehpcrera _____

7. tiehoosda _____

8. lgeyca _____

9. nensri _____

10. sreia _____

11. isnta _____

12. snllsrteee _____

13. skemiat _____

14. ismniatrcied _____

15. twai _____

16. hmy _____

Puzzle 8

After knowing Hamilton's affair, Eliza sings the song "Burn" which expresses her feelings, shock, and sadness. Can you complete all the words from the song?

1. aplcae _____

2. rhgapaarp _____

3. asircu _____

4. emmryo _____

5. enmi _____

6. ayclge _____

7. crhdteala _____

8. rioteff _____

9. ndeeefeslss _____

10. brnu _____

11. etertl _____

12. saenwr _____

13. isgn _____

14. opniarad _____

15. nsesslees _____

16. ivenatrra _____

Puzzle 9

The first song of the Off-Broadway production of Hamilton, "Alexander Hamilton" introduces the audience to Alexander Hamilton's early life and his desire to travel to a new land. The following words from the songs will remind you of his life.

1. gnoudnfi _____

2. hicrrneau _____

3. oalrchs _____

4. frtaeh _____

5. qaosulr _____

6. siph _____

7. dmnailna _____

8. eirncaabb _____

9. eicsuid _____

10. rnhaop _____

11. oerh _____

12. ardtsba _____

13. tamscosn _____

14. attirsee _____

15. nosicu _____

Puzzle 10

Do you remember the song "It's Quiet Uptown"? Eliza is going through the death of her child, Phillip, with Alexander Hamilton. They try to push away "the unimaginable" and mend their relationship. Below is a list of words about the song.

1. teblrrei   _____

2. etrste   _____

3. lhicd   _____

4. yipt   _____

5. nigalkw   _____

6. wuntop   _____

7. eutqi   _____

8. igilaunanbem   _____

9. aehdt   _____

10. ommetn   _____

11. anrgde   _____

12. rgefi   _____

13. orefngsseiv   _____

14. snffgreiu   _____

15. itghn   _____

Puzzle 11

"Helpless" is a remarkable song in Hamilton, mainly performed by Elizabeth Schuyler and Alexander Hamilton. Can you remember what the song is about? The following list will remind you of the song.

1. oamrnce _____

2. nodohrpoha _____

3. mary _____

4. arpty _____

5. orlalmbo _____

6. uokdgcrbna _____

7. izlae _____

8. elov _____

9. allb _____

10. dewgndi _____

11. ncercon _____

12. deaxenlar _____

13. etnigem _____

14. gieamrra _____

15. splhlees _____

Puzzle 12

Alexander Hamilton's wife, Elizabeth Hamilton (née Schuyler) was the co-founder of the first private orphanage in New York City. To learn more about her, let's complete the following list including her background, names, and personality.

1. fudoren _____

2. hreaaogpn _____

3. mostctipii _____

4. srhylecu _____Schuyler_____

5. oetrmh _____

6. uqite _____quite_____

7. stbeye _____

8. wfie _____wife_____

9. tlesoicai _____

10. iazle _____

11. zial _____

12. rsmat _____

13. ahiiosptnhrtpl _____

14. whniamd _____

15. rgaamh _____

HAMILTON
AN AMERICAN MUSICAL

Puzzle 13

The musical's final song, "Who Lives, Who Dies, Who Tells Your Story" tells the events after Alexander Hamilton's death. The person and things mentioned in the song are listed word by word. Can you complete all of them?

1. tdeiesnpr _____

2. nfferjose _____

3. dimnsao _____

4. niflciana _____

5. sstmye _____

6. rapietv _____

7. rhneapgoa _____

8. dunf _____

9. olictcnlge _____

10. aonwshgnit _____

11. tnmmoenu _____

12. agylec _____

13. teim _____

14. osrty _____

15. psatocmcnmhiel _____

Puzzle 14

"The World Was Wide Enough" describes the duel between Alexander Hamilton and Aaron Burr, forever known as the man who killed Hamilton. Can you complete the words about the duel?

1. ulde _____

2. ealcyg _____

3. peotonnp _____

4. deco _____

5. ouldel _____

6. hots _____

7. ysk _____

8. lttuaiyenr _____

9. bgicrea _____

10. rbi _____

11. ianetnlr _____

12. gnideleb _____

13. asessnd _____

14. ten _____

15. mtmcdonamne _____

16. ivlnail _____

17. ihsrtyo _____

HAMILTON
AN AMERICAN MUSICAL

Puzzle 15

Do you remember what is mentioned in "Ten Duel Commandments"?

1. iam _____

2. stifinoascat _____

3. efsnosc _____

4. cepa _____

5. erlu _____

6. chgellane _____

7. acpee _____

8. otne _____

9. amplnmcocoe _____

10. ceod _____

11. irraopaetnp _____

12. eigttaeon _____

13. nsu _____

14. elinaunett _____

15. fcea ot efac _____

MISSING LETTERS

PUZZLE 1

Can you name all the characters in the musical?

1. M_rq__s d_ L_f___tt_ _____

2. __r_n B_rr _aaron burr_____

3. M_r__ R__n_lds _____

4. _ng_l_c_ Sch__l_r _____

5. G__rg_ W_sh_ngt_n _____

6. J_hn L__r_ns _____

7. Ph_l_p H_m_lt_n _____

8. _l_x_nd_r H_m_lt_n _____

9. _l_z_ H_m_lt_n _____

10. P_gg_ Sch__l_r _____

11. K_ng G__rg____ _____

12. H_rc_l_s M_ll_g_n _____

13. J_m_s M_d_s_n _____

14. Th_m_s J_ff_rs_n _____

H★MILTON

PUZZLE 2

Do you remember the songs in Act I of the musical Hamilton: An American Musical? Let's see how many you can complete.

1. _ W _ nt _ r's B _ ll   _____

2. G _ ns _ nd Sh _ ps   _____

3. R _ ght H _ nd M _ n   _____

4. H _ lpl _ ss   _____

5. N _ n-St _ p   _____

6. S _ t _ sf _ _ d   _____

7. M _ _ t M _ _ ns _ d _   _____

8. D _ _ r Th _ _ d _ s _ _   _____

9. _ _ r _ n B _ rr, S _ r   _____

10. St _ _ _ l _ v _   _____

11. W _ _ t f _ r _ t   _____

12. F _ rm _ r R _ f _ t _ d   _____

13. _ _ rkt _ wn   _____

14. M _ Sh _ t   _____

15. _ l _ x _ nd _ r H _ m _ lt _ n   _____

H★MILTON

PUZZLE 3

Here is a list of songs in the musical's Act II. Which one is your most favorite?

1. H _ rr _ c _ n _   _____

2. _ t's Q _ _ _ t _ pt _ wn   _____

3. Wh _ t'd _ M _ ss   _____

4. Sch _ _ l _ r D _ f _ _ t _ d   _____

5. S _ _ N _ t _ Th _ s   _____

6. St _ _ _ l _ v _   _____

7. C _ b _ n _ t B _ ttl _   _____

8. T _ k _ _ Br _ _ k   _____

9. Bl _ w _ s _ ll _ w _ _   _____

10. _ Kn _ w H _ m   _____

11. B _ rn   _____

12. W _ Kn _ w   _____

13. Th _ _ l _ ct _ _ n _ f 1800 _____

14. _ n _ L _ st T _ m _   _____

H★MILTON

PUZZLE 4

The musical focuses on Alexander Hamilton, one of the Founding Fathers of the United States, and his life. If you love the character, the following list about Hamilton is just a piece of cake to you.

1. _ rph _ n   _____

2. P _ l _ t _ c _ _ n   _____

3. W _ st _ nd _ _ s   _____

4. C _ b _ n _ t M _ _ t _ ng   _____

5. M _ l _ t _ r _ C _ mm _ nd _ r   _____

6. St _ t _ sm _ n   _____

7. F _ d _ r _ l _ st   _____

8. W _ nt _ r B _ ll   _____

9. Tr _ _ s _ r _   _____

10. C _ r _ bb _ _ n   _____

11. D _ _ l   _____

12. L _ g _ c _   _____

13. N _ v _ s   _____

14. R _ v _ l _ t _ _ n   _____

15. S _ cr _ t _ r _   _____

H★MILTON

Puzzle 5

On July 3, 2020, Hamilton, a live stage recording of the musical, is released on Disney +. Have you watched the film yet? Let's name all the original principal Broadway cast in Hamilton.

1. Chr_st_ph_r J_cks_n   _____

2. Ph_ll_p_ S__   _____

3. L_n-M_n__l M_r_nd_   _____

4. R_n_ G_ldsb_rr_   _____

5. L_sl__ _d_m Jr.   _____

6. D_v__d D_ggs   _____

7. J_sm_n_ J_n_s   _____

8. _k__r__t_ _n__d_w_n   _____

9. J_n R__   _____

10. _nth_n_ R_m_s   _____

11. _phr__m S_k_s   _____

12. J_n_th_n Gr_ff   _____

13. S_dn__ H_rc__rt   _____

14. Th__n_ J_sp_rs_n   _____

H★MILTON

PUZZLE 6

Do you remember the 11th song of Act II, "One Last Ride"? Let's complete the following list of words from this song.

1. _ _ tg _ nn _ d   _____

2. D _ st _ ll _ d Sp _ r _ ts   _____

3. B _ n _ gn _ nfl _ _ nc _   _____

4. _ nt _ nt _ _ n _ l _ rr _ r   _____

5. Sw _ _ t _ nj _ _ m _ nt   _____

6. _ _ tm _ nn _ d   _____

7. _ _ tpl _ nn _ d   _____

8. R _ b _ ll _ _ ns   _____

9. F _ r _ w _ ll _ ddr _ ss   _____

10. G _ _ db _ _   _____

11. H _ pp _ R _ w _ rd   _____

12. _ _ tn _ mb _ r _ d   _____

13. Wh _ sk _ _ T _ x   _____

14. H _ ll _ _ ns   _____

15. _ pr _ ght Z _ _ l   _____

H★MILTON

PUZZLE 7

Since the theatrical release in 2015, Hamilton has got many honors and awards for its excellent cast and musical performance. Let's complete the awards that Hamilton has received so far.

1. Dr _ m _ D _ sk   _____

2. Cl _ r _ nc _ D _ rw _ nt   _____

3. B _ llb _ _ rd M _ s _ c   _____

4. Dr _ m _ L _ _ g _ _   _____

5. N _ _ CP _ m _ g _   _____

6. Gr _ mm _   _____

7. P _ l _ tz _ r Pr _ z _   _____

8. _ b _ _   _____

9. Th _ _ tr _ W _ rld   _____

10. T _ n _   _____

11. _ ff-Br _ _ dw _ _ _ ll _ _ nc _   _____

12. L _ c _ ll _ L _ rt _ l   _____

13. L _ _ r _ nc _ _ l _ v _ _ r   _____

14. K _ nn _ d _ C _ nt _ r   _____

H★MILTON

PUZZLE 8

One of Hamilton's best songs, "Satisfied" is an excellent song that is loved by many. During the song, Angelica states three reasons that Hamilton is not suitable for her although she has feelings for him. Let's complete all the words from the song.

1. _ n _ _ n   _____

2. Gr _ _ m   _____

3. S _ t _ sf _ _ d   _____

4. Cl _ mb   _____

5. P _ nn _ l _ ss   _____

6. Br _ d _   _____

7. H _ lpl _ ss   _____

8. Sch _ _ l _ r   _____

9. Tr _ th   _____

10. R _ v _ l _ t _ _ n   _____

11. _ ng _ l _ c _   _____

12. R _ w _ nd   _____

13. S _ st _ r   _____

14. M _ rr _   _____

15. St _ t _ s   _____

16. _ l _ z _   _____

H★MILTON

PUZZLE 9

Let's recall the lyrics of "The Room Where It Happens", one of the best songs, and complete the following words from the song.

1. Pr_s_d_nt__l Pr_ss_r_ _____

2. P_t_m_c _____

3. _mm_gr_nt W_lk _____

4. Sm_l_ M_r_ _____

5. Cl_rm_nt Str__t _____

6. Cl_ck-B__m _____

7. M_st_r B_rr _____

8. G_n_r_l M_rc_r _____

9. M_st_r S_cr_t_r_ _____

10. D_bt Pl_n _____

11. C_ngr_ss _____

12. Ch_ckm_t_ _____

13. T_lk L_ss _____

14. M_rc_l_ss _____

15. M_rc_r L_g_c_ _____

H★MILTON

PUZZLE 10

The following list contains the costumes of Hamilton's characters. If you would like to dress as a specific character in Hamilton on Halloween, the following items will help you a lot.

1. S_t_n Dr_ss _____

2. C_l_n__l W_g _____

3. R_b_ _____

4. N_ghtdr_ss _____

5. B_tt_n_d W__stc__t _____

6. Sk_rt _____

7. Sl__v_ _____

8. Tr_c_rn H_t _____

9. C_l_n__l Sh__s _____

10. L_ng B__ts _____

11. V_st _____

12. Sh_rt _____

13. Tr__s_rs _____

14. B__t T_ps _____

15. J_ck_t _____

H★MILTON

PUZZLE 11

The song "Yorktown (The World Turned Upside Down)" lists many events in the Battle of Yorktown and was even performed at the 70th Annual Tony Awards. Let's try completing all the words.

1. _ ps _ d _ D _ wn _____

2. R _ ch _ mb _ _ _ _____

3. C _ v _ n _ nt _____

4. N _ w N _ t _ _ n _____

5. M _ Sh _ t _____

6. M _ ns _ _ _ r _____

7. S _ ns _ f L _ b _ rt _ _____

8. H _ ngr _ _____

9. H _ ndk _ rch _ _ f _____

10. Scr _ pp _ _____

11. Str _ _ G _ nsh _ t _____

12. H _ rc _ l _ s M _ ll _ g _ n _____

13. Ch _ s _ p _ _ k _ B _ _ _____

14. Fr _ _ d _ m _____

15. B _ _ _ n _ t _____

H★MILTON

Puzzle 12

Aaron Burr was once Alexander Hamilton's ally until he switched parties for political power. Let's complete the words to learn more about the character in the musical.

1. St _ _ l _ ng M _ n _ _   _____

2. _ _ r _ n B _ rr   _____

3. _ nt _ g _ n _ st   _____

4. _ tk _ rsh _ mb _ dk _ r   _____

5. S _ n _ t _ r   _____

6. _ m _ r _ c _ n R _ v _ l _ t _ _ n _____

7. F _ n _ nc _ _ l Pl _ n   _____

8. D _ _ l   _____

9. S _ pp _ rt _ r   _____

10. D _ ng _ r _ _ s D _ sgr _ c _ _____

11. C _ nt _ n _ nt _ l _ rm _   _____

12. R _ v _ l   _____

13. W _ nt _ r B _ ll   _____

14. P _ rt _ Sw _ tch _ ng   _____

15. P _ l _ t _ c _ l P _ w _ r   _____

H★MILTON

PUZZLE 13

One of the main characters in the musical Hamilton, George Washington is portrayed by Christopher Jackson in the Original Broadway Cast. Let's try your best to complete all words.

1. Br _ t _ sh   _____

2. N _ rv _ _ s _ _ tbr _ _ k   _____

3. P _ l _ t _ c _ l L _ _ d _ r   _____

4. Pr _ s _ d _ nt   _____

5. N _ n-p _ rt _ s _ n   _____

6. C _ nq _ _ r   _____

7. F _ r _ w _ ll _ ddr _ ss   _____

8. C _ l _ n _ l   _____

9. F _ _ nd _ ng F _ th _ r   _____

10. R _ v _ l _ t _ _ n _ r _ W _ r   _____

11. C _ nt _ n _ nt _ l _ rm _   _____

12. M _ l _ t _ r _ G _ n _ r _ l   _____

13. Mr. Pr _ s _ d _ nt   _____

14. _ _ rkt _ wn   _____

15. St _ t _ sm _ n   _____

H★MILTON

Puzzle 14

Can you complete the following list of words about the musical?

1. _m_r_c_n M_s_c_l _____

2. H_p-H_p _____

3. S_ng_nd R_pp_d _____

4. H_st_r_c_l F_g_r_s _____

5. Cr_t_c_l _ccl__m _____

6. P_p _____

7. F_rst S_cr_t_r_ _____

8. R_v_l_t__n_r_ M_m_nt _____

9. S__l _____

10. F__nd_ng F_th_r _____

11. _ff-Br__dw__ _____

12. B__gr_ph_ _____

13. Sh_w T_n_s _____

14. Rh_thm _nd Bl__s _____

15. _l_x_nd_r H_m_lt_n _____

H★MILTON

Puzzle 15

Let's try complete words from Hamilton's Act I. Can you complete this Hamilton vocabulary list?

1. L __ dm __ th   _____

2. R _ dc __ t   _____

3. R _ gt _ g   _____

4. T _ mc _ t   _____

5. F _ rsth _ nd   _____

6. C _ m _ r _ d _ r __   _____

7. F _ r _ l   _____

8. D _ ll _ p   _____

9. D _ vv _   _____

10. B _ rs _ r   _____

11. M _ n _ m _ ss __ n   _____

12. Dr __ ml _ k _   _____

13. _ dr _ n _ l _ n _   _____

14. D _ fl _ w _ r   _____

15. Kn _ ckl _ h __ d   _____

H★MILTON

Trivia
Questions

These trivia questions could be challenging for those who haven't paid enough attention to the Hamilton Broadway. Since you are a big fan of it, you have nothing to worry about. Let's get started!

1.   What is the first name of Hamilton?
A.   Alexei
B.   Alexis
C.   Alexander
D.   Andrea

2.   What is the real-life Hamilton famous for?
A.   Inventing electricity
B.   Helping found the USA
C.   Being a pop star
D.   Being a famous actor

3.   Who are Hamilton and the Americans fighting against?
A.   The English
B.   The Russians
C.   The Spanish
D.   The Germans

4.   Which of these is not a song from the *Hamilton Broadway*?
A.   Guns and Ships
B.   Histprifico!
C.   You'll Be Back
D.   Farmer Refuted

5.   Why did Thomas Jefferson go to France?
A.   To go on holiday
B.   To get their help to fight the British
C.   To learn how to make stinky cheese
D.   To meet his long-lost French cousin Barry

6. What US banknote has the face of Alexander Hamilton?

A. 10 dollar bill
B. 5 dollar bill
C. 100 dollar bill
D. 50 dollar bill

7. Who became American president after George Washington?

A. Ed Balls
B. Donald Trump
C. John Adams
D. Barack Obama

8. Fill in the blank: "The _____ Pamphlet"

A. Rambutan
B. Rotunda
C. Reynolds x
D. Ryan Giggs

9. What did Hamilton establish as Treasury Secretary?

A. Checks and balances
B. A national treasure hunt
C. The national bank and the U.S. mint
D. Design of U.S. bills

10. Hamilton's efforts to pay off the national debt via unpopular taxes led to what?

A. The Keg Rebellion
B. The Gin Rebellion
C. The Boston Tea Party
D. The Whiskey Rebellion

11. Which political party did Hamilton inspire?

A. The Whigs
B. The Democratic Republicans
C. The Federalist Party
D. The Green Party

12. Hamilton had a lot of political enemies. Which one did he help become president?
A.   George Washington
B.   Thomas Jefferson
C.   Aaron Burr
D.   John Adams

13. What present-day law enforcement branch was Hamilton instrumental in conceiving?
A.   The CIA
B.   The U.S. Coast Guard
C.   The U.S Postal Service
D.   The Navy

14. Who says "I'm a trust fund, baby, you can trust me"?
A.   Aaron Burr
B.   Alexander Hamilton
C.   Thomas Jefferson
D.   The Marquis de Lafayette

15. The song "You'll Be Back" by King George III gives musical nods to?
A.   Adele
B.   The Beatles
C.   Mozart
D.   Gilbert and Sullivan

16. In "Right Hand Man," the lyrics sung by General George Washington ("Now I'm the model of a modern major general") quote from a song by?
A.   Mozart
B.   Ed Sheeran
C.   Gilbert and Sullivan
D.   Tupac Shakur

17. There are two rap battles in Hamilton over issues facing the new nation. Which issue is not debated in the musical?
A.   Whether the federal government should assume state debt and establish a national bank.
B.   Whether the U.S. should ban the importation of slaves.
C.   Whether the U.S. should provide aid and troops to its revolutionary French allies.
D.   Whether the U.S. should fight against the French or not.

18. Which of the original Hamilton Broadway cast members reportedly rapped 19 words within three seconds in the song "Guns and Ships"?
A.   Reneé Elise Goldsberry
B.   Jonathan Groff
C.   Daveed Diggs
D.   Christopher Jackson

19. Which member of the original Broadway cast has the most Broadway credits?
A.   Jonathan Groff
B.   Christopher Jackson
C.   Lin-Manuel Miranda
D.   Leslie Odom Jr.

20. Where was Lin-Manuel Miranda on vacation when he read historian Ron Chernow's biography of Alexander Hamilton that inspired Miranda to write about the Founding Father?
A.   Charlestown, Saint Kitts and Nevis
B.   Mexico
C.   Puerto Rico
D.   Scotland

21. Where did Miranda debut the first song he wrote for what was then called the Hamilton Mixtape?
A.   Ars Nova
B.   Lincoln Center
C.   Powerhouse Theater at Vassar
D.   The White House

22. Which honor or award has either "Hamilton" or its creator not received?
A.   Emmy
B.   Grammy
C.   MacArthur "Genius" Award
D.   Olivier Award

23. Which song has Miranda said is the most "ambitious" in his musical, "and that's saying a lot"?
A.   Alexander Hamilton
B.   Satisfied
C.   The Room Where It Happened
D.   Wait For It

24. Which song are these lyrics from? "Let our legacy be about 'planting seeds in a garden you never get to see' "
A.   Alexander Hamilton
B.   The Room Where It Happened
C.   Satisfied
D.   The World Was Wide Enough

25. "These are wise words, enterprising men quote 'em." According to Jefferson, why shouldn't we act surprised?
A.   Cuz I promote em
B.   Cuz we gonna vote on em
C.   Cuz I wrote em
D.   Cuz I already gloated over em

26. How will King George remind us of his love?
A.   He'll kill our troops.
B.   He'll send a fully armed battalion.
C.   He'll write us a letter.
D.   He'll conquer our country.

27. After Angelica says "when I fantasize at night..." what does she say she sees?
A. A satisfied sister
B. Aaron's eyes
C. Alexander's eyes
D. Alexander's smile

28. What is Hamilton's refrain to Burr?
A. History has its eyes on you.
B. If you stand for nothing, what'll you fall for?
C. Teach them how to say goodbye.
D. Talk less. Smile more. Don't let them know what you're against or what you're for.

29. "Dying is easy, young man. Living is harder."
A. James Madison
B. Thomas Jefferson
C. Alexander Hamilton
D. George Washington

30. What says this " 'Cause when push comes to shove/ I will kill your friends and family to remind you of my love"?
A. King George
B. Marquis de Lafayette
C. Charles Lee
D. James Madison

31. "Alexander Hamilton" sets up the Founding Father's biography. According to the song lyrics, although born impoverished, Hamilton grows up to be:
A. A hero and a scholar
B. A general and grandfather
C. A banker and a father
D. A lawyer and a scholar

32. In "My Shot," Alexander Hamilton tells his new friends Lafayette, Mulligan, and Laurens that he possesses:
A.   A lot of books, but no college
B.   A lot of brains, but no polish
C.   A lot of skills, but no knowledge
D.   A lot of skills, but no leadership

33. Angelica schools Aaron Burr on her current interests in "The Schuyler Sisters." According to Angelica, she's been reading:
A.   The Freedom of Will by Jonathan Edwards
B.   Common Sense by Thomas Paine
C.   Poor Richard's Almanack by Benjamin Franklin
D.   Rich Dad Poor Dad by Robert Kiyosaki

34. On the brink of war, King George warns the revolutionaries "You'll Be Back." In case they disagree, he promises to remind them of his love (and power) by sending them:
A.   A team of angry stallions
B.   A fully armed battalion
C.   A fleet of loaded galleons
D.   A fleet of galleons

35. As Aaron Burr waits to start his life with Theodosia, her husband is fighting alongside British troops in:
A.   Georgia
B.   Virginia
C.   Pennsylvania
D.   New York

36. In "What'd I Miss," Thomas Jefferson returns home from Paris to serve as President Washington's first...?
A.   Secretary of State
B.   Secretary of War
C.   Secretary of the Treasury
D.   Hands of the President

37. Where was Alexander Hamilton born?
A.   Puerto Rico
B.   Philadelphia
C.   Florida Keys
D.   Nevis Island

38. What was the name of the infamous location where Alexander Hamilton dueled with Aaron Burr?
A.   Dealey Plaza
B.   Weehawken
C.   Ford's Theater
D.   The O.K. Corral

39. At what theater did Hamilton debut in New York?
A.   Soho Rep
B.   The Public Theater
C.   Roundabout Theater Company
D.   New York Theater Workshop

40. What upcoming film is Miranda appearing in?
A.   Jurassic Park
B.   Thomas Jefferson
C.   Mary Poppins
D.   Predator

41. When did the musical open on Broadway?
A.   2012
B.   2013
C.   2015
D.   2016

42. Who played Burr in the original Broadway production?
A.   Wayne Brady
B.   Lin-Manuel Miranda
C.   Javier Munoz
D.   Leslie Odom Jr.

43. What does Aaron Burr advise Hamilton upon first meeting?
A.   Write your way to the top
B.   Have a point of view
C.   Don't make any enemies
D.   Talk less, smile more

44. What does John Laurens do?
A.   Tailor
B.   Speech writer
C.   Farmer
D.   Abolitionist

45. What song outlines Hamilton's belief in himself and his desires for his life in America?
A.   Cabinet Battle 2
B.   Hurricane
C.   You'll be Back
D.   My Shot

46. Which Schuyler sister does Hamilton marry?
A.   Angelica
B.   Anne
C.   Eliza
D.   Peggy

47. Who played Angelica in the original Broadway production?
A.   Renee Elise Goldsberry
B.   Anika Noni Rose
C.   Phillipa Soo
D.   Jasmine Cephas Jones

48. Who played Eliza in the original Broadway production?
A.   Phillipa Soo
B.   Lea Michele
C.   Sutton Foster
D.   Anika Noni Rose

49. When Hamilton came to America, where did he study?
A.   Columbia
B.   Harvard
C.   Elizabethtown Academy
D.   Stanford

50. In the Revolutionary War, Hamilton was eventually asked to?
A.   brainstorm a national anthem
B.   join General George Washington as an aide
C.   stop annoying his other officers by breaking out in song
D.   lead a troop of army

51. What important document did Hamilton sign?
A.   The Constitution of the United States
B.   The Declaration of Independence
C.   Both
D.   Neither of them

52. After the war, Hamilton worked briefly in what profession?
A.   As a farmer
B.   As a lawyer
C.   As an accountant
D.   As an architect

53. Who wrote The Federalist Papers with Hamilton?
A.   John Jay and James Madison
B.   John Adams and James Madison
C.   John Jay and Thomas Jefferson
D.   Benjamin Franklin and John Adams

54. What book inspired "Hamilton: An American Musical?"
A.   "Duel with the Devil" by Paul Collins
B.   "Hamilton: The Revolution" by Lin-Manuel Miranda and Jeremy McCarter
C.   "Alexander Hamilton: Writings" by Alexander Hamilton
D.   "Alexander Hamilton" by Ron Cherrow

55. How long did it take Lin-Manuel Miranda to write the first two songs of the musical?
A.   Six months
B.   2 years
C.   9 months
D.   1 year

56. The "Hamilton" album is one of _____ Broadway soundtracks to reach the Billboard Top 10 in the past 50 years.
A.   2
B.   5
C.   3
D.   None of the above

57. How many Tony Awards did "Hamilton: An American Musical" win in 2016?
A.   8
B.   10
C.   11
D.   12

58. How many words are in the script of "Hamilton: An American Musical"?
A.   5,962
B.   6,789
C.   13,208
D.   20,520

59. Which newspaper was founded by Alexander Hamilton?
A.   The New York Post
B.   The New York Times
C.   The Post-Standard
D.   The Washington Post

60. What month was Alexander Hamilton born?
A.   August
B.   March
C.   January
D.   December

61. How many children did Alexander Hamilton have?
A.   2
B.   4
C.   6
D.   8

62. What bank did Alexander Hamilton found?
A.   The Bank of New York Mellon
B.   State Street Corporation
C.   Bank of the Manhattan Company
D.   Bank of the United States

63. Finish the lyric: "I wish I could say that was the last time. I said that last time, it became a _____".
A.   pastime
B.   fast time
C.   vast time
D.   muffin time

64. Finish the lyric: "I'm a diamond in the rough, a shiny piece of coal, tryin' to reach my goal, _____".
A.   my power of strength, unbreakable.
B.   every action the street is exciting, but Jesus, between all the bleedin' and fightin', I've been readin'. and writin'.
C.   aim my head high, unshakable.
D.   my power of speech, unimpeachable.

65. Finish the lyric: "Well, I heard, you gotta special _____".
A.   daughter on the side, Burr
B.   someone on the side, Burr
C.   crush on the side, Burr
D.   brother on the side, Burr

66. Fill in the blank(s): "When you got skin in the game, you _____ in the game. But you don't get a win unless you _____ in the game."
A. win, play
B. play, stay
C. stay, take
D. stay, play

67. What comes next? "Hamilton wrote … the other _____!"
A. ton of stuff
B. eighty-one
C. fifty-one
D. ton of bull

68. What comes next? "We had a spy on the inside, _____"
A. Lafeyette the large baguette!
B. That's right, Hercules Mulligan!
C. Hercules Mulligan, that's right!
D. I need no introduction, Hercules Mulligan!

69. Who sang this line? " Raise a glass to freedom, something they can never take away. No matter what they tell you!"
A. Thomas Jefferson
B. John Laurens
C. Aaron Burr
D. Angelica Schuyler

70. Who sang this line? "Would you like to join us or stay mellow doing whatever the hell it is you do in Monticello?"
A. George Washington
B. Aaron Burr
C. Peggy Schuyler
D. Alexander Hamilton

SOLUTION

Solutions

Word Search Puzzles

Puzzle 1

```
Y I D D N T R M F C L X J O N A T H A N G R O F F D
L I N M A N U E L M I R A N D A M E A S I P V U D S
R T H A Y N E J A S P E R S O N H T V Y Y Q E Y C W
E K K A F C L B U S C U P Y I P H L K D V L U O B H
W K V L K W Y C P Z H F B L I E Q G H N Y I K K Q P
P E N M A T E V L M R H A A M W G P R E F T Q I G H
H G Q M N N Z F N T I Z F G J H Z U M Y D T Y E B L
I L A Z T P Y L Q Q S D O Y B Y K Y O J N P V R O E
M N R F H L W C E J T E K G G W M I P A U N O I T S
X U M N O A Y D A B O S Y J O E G X E M L T X E Q L
W E O P N U H G Z D P K K G Z R U S N E R S Z T N I
W G Z O Y N Y T U Q H D Z C B F K E W S L C Y E R E
F C H Y R C V Z H I E N H C T W X D G H K V W O G O
M O X P G A X M G U M R V B Z D M X A B A I N X N R D
M D H K M Q S O E R J D U W S R B V F R K A P A I O
U O I C O A D X Q Z A U A D K E G E K C B S L O C M
J X L F S G I O K X C G L A G J K E K O G X A D I J
A O L L E A E Y U Z K T E J X M T D S U K I I O B R
V R I N G L V U K Y S J M W P I B D S R F F M W J O
I P P U Y C K V C F O H E U F O E I F T V O C A E L
E R A Q M B V M J B N D I S T R E G B L S Q V N F K
R C S X Z A I O V W M Q R W W F F G B W Z X F Z Y W
M Y O C Q O I V H C R Z Y X S F T S M F V Z J U H S
U E O R E N E E L I S E G O L D S B E R R Y V L W J
O D D N U F R L E F I S E J U P P P L W P Q K Z I U
Z B J T S J A S M I N E C E P H A S J O N E S R A K
```

Puzzle 2

```
P E J I P N E Y Y C R X B K T Y A E O E J J L N H J
L C Q T J R U H U L F E R G I E L P H I L I P P E K
G N X A D P A S D J C B I M A N D Y G O N Z A L E Z
D J T C W H N M I G U E L C E R V A N T E S V M D G
F K V P L W M Y R X R Q G I P B E M S S M K I C I P
U A W J X Q O K S J F E W F J V H A L N N G W R A E
N W V I A L R S T J O O C X I G H R T R L M R A C T
S G H P K K T D A A R G E F M S T C K Q M S O I U C
H P K S F R O X M M V X P B M D H D H S O A X T P H
B A C M W Y N Y A E J V F G I A A E X S M U Y K H H
N K Q M T S J L R S H L N U E N Y L P H G S D U Z L
L O E P F T T Z G M Z C R K J I N A M R Z A A W S L
S L R W R A T T R O W O L A E E E C V G A R N F R M
J C T X C L H A E N G N Q J T L J R X H E U I Z L D
J W W J U J P U E R I O O Q E B A U Z U Q G E W B T
W I N T M O R B N O J I W P R R S Z D C Q K L L J I
A V T K G Y F I E E Z W E P G V S O N Y P N O
T X I K R B I N N I I B Y E B A E J V Q O P E S U R
T B D U F R D W N G R F N K H K R G J U H Q A P K F
O H G Z X O L I K L K F U X R E S Q O E V H R P J B
M J G H J W K S P E X F N X X R O L M C U F W T W L
R W K H M N E E W H G N S J N T M Q J W O M K K
F S M Q R J J T A B C X Q E B Z A L F U Q O C A U
V I I H Y M L C V R C M A V A V O Q D A O G D P L P
Z F B R G F W H C T A O S T Y O X S J S Q S C S Q W
N W Q E Z M J J W K Z U B K S M I R T V J X H K T V
```

Puzzle 3

```
M G V D Y A K S E A Z I F X N Q E C E T P N Q R V
M O E G L O A V I O W C K Z M D A B J P P X X Z M
J V S U T L H S M C N X H U J H N R E P Y D H D A
M Z C A P V Q J A T H O M A S J E F F E R S O N K
I E V N Z M C C A V V E A J J J N F W Q M L D O V
D M S G T X V X R X Z A L G H A O G U Q C D X C Q
G O S E U M T Z O L Y E E D C Y W J P M Q K K X L
U V I L I Q M A N G X Q X P K J T P H A E I A C R
O B Y I N X A F B K B A A R I L D M L R G N R B I
I M V C Z Y R B U Z H C N A P G K H F Q G G Q H H
Q Q C A Z Q I L R Y J T D J Q R A O M U D G R D G
P P F S G L A N R E L B E W X S E O Z I Q E G B Q
H A Y C V Q R V D E E C R N Z B L K F S Q O Q L H
I W N H W I E S I F G J H A V Z I A N D N R K H O
L M H U U F Y O O B W E A A M F Z M T E M G C F J
I H M Y P C N U D S M F M L A N A Q U L H E E S L
P K M L F V O M F W I N I D O O H H A A D I A G M
H J Z E R P L O L U J D L J K L A Q M F X I N S G
A W N R U M D U R E Q K T P O V M E C A Q I M S F
M E J L P X S O T Y E F O J W D I Q J Y M R A Z X
I H H V I P M B C K B B N T O G L A C E V E B E F
L C J O H N L A U R E N S P I N T L G T I F P E A
T M F U Q P N N V Y J K K Q P P O Q X T U W Q F V
O D G O Z J P D C D G S N W E W N T K E S Q J B L
N D B A L Y G J Q E Q G U M E B W E M H K I A F D
```

Puzzle 4

```
S I O E B R A N D O N V I C T O R D I X O N N Z H Q
E Z S T Z L Q V B E C D L O A H F T S V C A L B S J
B J S T Z D S S J B T W Q X K O W U W Q F D E X W
G O E P L L D E F Z G C L T R T D T M Q D Y E U K I
T R U F K E E S I O Q M A D Y C O A U S A E N S Z K
V D A N I X V Z U K H R N Y S Q V R W U R D E B R J
A A N Y Y I A W O I G W D B T X P A L V F N B U G G
H N M J Z L R F M Q F H R U A T G N R J U X E V Q X
T F O Z I A B O E K C L E Z L L E K E C F H N R P M
E I R Q N W U L J U S W W U J O D I N E T Q T O T R
E S T H S S C E E Y Y G R Y O P Z L K G P Z O R V H
H H O B E O T X H J L N A E Y Z S L E L A D N Y O T
V E N F L N Q Y Q J P M N D B F G A I M Z A B O S O
P R I O I Z U Z Z C K D N Q R F L M W T H N H M D W
Z M A N D Y G O N Z A L E Z O W V L W G A I I A Q U
N O O V F W W K E N D U L L W T V K K B I E X L Q E
J G U U U B U S U R W N L M N X R U P H G L P L T N
A J M A S Y M Q B S P C S K P K P A D J U B B E S X
V U S E T H S T E W A R T O M D K A Y V W R N Y J L
I K G Q R R W Y O D E Q M Q L V M O T N X E K I L D
E G V S E E G B W R V T M C I Z N V F S N A L A G R
R G J A M E S M O N R O E I G L E H A R T K K T T O
M O U O H R Y Q E Y I F R P Y J Q R C Z J E Q M O D
U Y Q A P B L X Q U G L F G T O F P D O C R K L T W
O M I C H A E L L U W O Y E D M M F G K Z S S Y B S
Z X A B B Y S T A K M I E Y E I K I O H L H Q L R S
```

Puzzle 5

```
H E B O L F H T D O R B V K W F R N W Y P A G E A
D Q J I G V Y J A U S T C Z K J T X O E R T H K
G S A M U E L S E A B U R Y K I I H L J G Q Y Y C
W M Y O R R W E D D V Q R D N N K T F E G N G I U
X R Z N D J C L J U R P X T C G X G M J Y J E H J
X V S G P D N I Y H N X O M O G V L D P S Y O I M
X W E E V T L Z B Z H S O G N E A H X H C R R L A
X U A I R S H A D J O B W F I O O H W I H H G U R
Y V L R E I E S J O H N L A U R E N S L U M E W I
P A E K W C R C N J C S V L A G J K Z I Y B W W A
N X Q L E C H R U A M R S F E K X V P L S A E R
B G A L D R U U S H D N L U Q I A V U H E J S Q E
L E N V B L L Y S B A R I N N I F Y H A R L H K Y
Z L D V O J E L F L S R N A N I L Q W M V F I D N
P I E U S C S E M H K J A M E S M A D I S O N Y O
Y C R C F E M R H Z K X C H A R L E S L E E G E L
Q A H W C U U N F M A A R O N B U R R T V M T D D
C S A I B V L E V F X G G M M H J F K O V K O C S
Q C M Z E R L L M N S S K E S G P S U V N D Y N M
F H I O B N I Q P I V P I S N S C W U N R I V A W
X U L X T X G Y Z W U D H Y W I N M Z P E N A T D
A Y T Z Z M A R Q U I S D E L A F A Y E T T E F B
G L O H Z I N K S T H O M A S J E F F E R S O N L
T E N N R Q O V L P D S M K A O J P X K G U A X S
I R J R Y D Q T A W V M A K D N U R N U V O V H Z
```

Puzzle 6

```
T M Y N D J Q K C D P E Z Y I D R K D S H T Z J
Z J Q I A K Z I C E L I M A N N I N G M K Z F B
V X D N N J M W D C R C J Y J N U T A Y R P C T
S T U A I F F T W O R J X A J H A V Y Y U I N U
W G G D E M E N I V O T A D U N J S D P R J N K
Y R H O L A O E P R P H H N O A B Y E J H N H G
B K K B R J G I H J R E M H K Q N N U J W P T
G V O R A E F L E G A O P U Y J I P L Q Y O C
L P C E D M N P M H H B Q B S V W B M I S T H
W L V V C I L A L Y W A D Z M K S S E Z H R S
A U E F L L X T O A I M F Y E W J D J A N K B G
Y Z C H I Y Y R I B N A B Y K H E M I N E M A Q
W P P Z F B V I O Q F S H Q A G G Q O C D V F X Z
K A Y B F L H C P O R R S S H I I A O R A F K T
I U S W E U Y K Y B E G B E Y O N C W E W B H H
V L K O Y N X H F J Y E N H N R Q N I W D L Y U
O G C B C T J A S O N B A T E M A N U S X N H O
I I W K N A C R B R Q A C S O S B Z R L Y Y C Z
A A C D D L P R U I W V Y C F M P J I D R O E L
Q M R U Z K K I D I N A M E N Z E L G J O Y Y F
P A I D Y B U S F W C B E M M A W A T S O N S L
N T D W Q A O V X N C H J P K H I V P J D K I X
Y T D J E Z R E E S E W I T H E R S P O O N I P
F I H S U O F P Y F Z B O O E I V U D T L S C Q
```

Puzzle 7

```
T Q R F Z B Q B W N B X O L M K G L N S J
Q K L Y Z Z A L N G A Y R S H M D O U L L
N E W O R L E A N S L U G R T H B S G U C
U Q B S B X N Z G U T P X P Q A P A Y W V
W D S A O Y P P B D I C I N C I N N A T I
C A T P D P O Y M E M R W T C J X G G Y G
C D J B X O R P U X O S E A T T L E D Z S
F A L Y M V T N Q M R F P X L E G L X O J
M R F O R T L A U D E R D A L E I E D N W
Z N M R D O A H Z H B Q N C I G G S S J J
P N L V E C N C C W P N J X N B D Z T W N
R Q Y J Y H D K M J P U F V O J Q Q G A O
O C O R L A N D O W M V C Z X D K Y U V L
C F C Z F R Y D Y F F P D Y S L X O C T J
H X O A V L U J A R T D E P P X V R Y Q S
E F Z E U O V J Z E T M T Y S P O K A N E
S Y M H I T Z K S S W R J Q F H Y N M
T A M P A T D O M N E M O Y K J H G L G I
E L F N C E M Z P O X E I U C S N S I T R
R F X I Q P S Q I G C A T S N S Z H E R U
D K I A M S Y R A C U S E N V P X R H A I
```

Puzzle 8

```
O G N M S B U F F A L O E Q D T V K G
F D F P R O V I D E N C E P U T O K R
L A G D W K M R C J A T G E D V J R Y
U N B E J Q Q R O I V I D M X D Z Z Q
H I C N A G I C G F O R T W O R T H B
T Z P V C E D M O N T O N N N O O G O
J M R E K I C U P T X T J T U C S O N
J I G R S V P T Z Z M M Y B A F Z A J
E N A L O S A N G E L E S O D P G Z B
Z N E M N J M W C L N M U S D N G H I
L E K Y V E P F E X U P P T G K O E C
G A V L I E A I B S Q H M O B Q J L A
N P G X L H T H H Q X I N N Y U X P L
L O I X L V L D C T Z S O F B U P A G
E L V H E S A U P I T T S B U R G H A
Q I Q E A Y N R Y V S N K C K Q J I R
G S N L L M T H M U C G A P G W C B Y
G V V M P A A A U R Q X J A D I D S G
D U W Z W D D M E S B T A V I H S Q L
```

Puzzle 9

```
S L P P O R W X P Y O R I G H T H A N D M A N E X Z Y A Z
J W U R L V N E T R O K T C Q L E U M N A E R O L H F O D
N B N M I X Z K E O J Z N P D B O I N G H C C X Q U E Y B
V P K S U B P L U Q Z M R N I S D V L T D D H C W U N D N
T H A M E E X G Z H E L P L E S S E R V Z V L B Q N L C N
C D U J N X H D P B Q U P R J P S M X F M I T K Z R T H C
S D W N A T J O J E S F B I F L T W W B V H I V M M R L D
N P E V Z E B Y H R R S F V S Y O R K T O W N H M K I L T
H J A N N Q T I G A U L B P V L H Z I B U W G I W G B V
E D G Z Q D D G M S B X P Q N Q A K V X T W J A G P O Q K G
D U W P O U X G T X R I F F A G U P S Z J R S Z D F A U X
M Y C P V E F I O B P L Z D J G V R E E V Q W L I T Q P O
H N T M R L B W R A O Y F K G T D E A R T H E O D O S I A
W T H E S C H U Y L E R S I S T E R S X L W X B I R L Y S
M N E E E O H L H F M Y S A T I S F I E D A J Z O G G E Y
J O S Q V M B O A A L E X A N D E R H A M I L T O N P S F
P N T V E M T L S S Y C T K H K X Z I O T X B W X T M K
A S O Z J A K A I P Y O U L L B E B A C K F N L C I Z B H
B T R Q I N A V T J Q K C H T L C C U K K O Z X Y K X C P
L O Y F P D A P S L Z Z A J C G D E R S K R V V E V C O U
C P O M E M J I E J H P L K E F U L O A S I E A A S K F F
E E F C U E V V Y W B A Y V U K H O X M U T V D U F T X
G Z T E W N I D E M S G B U A T C F M G A F L I C D R A Y
J P O R X T V E S G U M B D S N T Q W M Y S H O T T H A G
P N N J T S U O O Y Z O I G E T M F H M O E A G D M B U U
H V I C D T I U N R J G F N S N C J V U N O W I S C F S S
M A G E D X G P Y Z H Q H S T V I T B B D K C S U C O V R
G O H C A V J Q O P P N X Q Q Y O Q K H K W Q W L D O Q N
Y J T G Q L O K U Z O H P T R B A E N B E Z L S H H P C Z
```

Puzzle 10

```
W B B C R M J Y Z W F Z Z N H G C F Y P M R Z D R W H W K
K H S B R Q B F P Z B N T U F W A P L I K U V V G L M F E
U N Y K V J Z J C G Q N U A W H Q D R Y B R I Y L Q K B X
V H P S J A D W J V L N U C T O F M A Q P J R M V I K J E
S X G S X L S I L W O O K I Y O I L W G X D W N E B D N E
C P H H L L T H E W O R L D W A S W I D E E N O U G H D E
H Y V B N S R T H E A D A M S A D M I N I S T R A T I O N
U H V V M R Z J T O X G T T R M Q U A X R Y V M R Z C J R I P T
Y D B S K K W R E K P I S N U C W N G D C S M V T C A S H
L B M W U V Q C J P C Y M M A X K W W Q I W T X H F K H E
E T W M C W W W M U G M A E S M O V J L Y I X E E G Y T R
R L R Q C V B H F O M E T G U G N X T F Z I F Z R W Q A O
D W C Y O U R O B E D I E N T S E R V A N T X S E I P K O
E G Y T F T L P U G N F X F S W L C I Y K S R D Y G T E M
F X B C J O P K P J N K H L L W A F Q P J Q H X N L S A W
E M L H F F B Q M J A U N Z S V S T J W L U H R O M D B H
A I O H D P E Z Q G W P N S S S T U P M T I Q C L Y G R E
T I W K W S G X P G M U X R N S T G P M U E W W D Y E E R
E W U Z E H U R R I C A N E H K I J W X O T T W S E Q A E
D X S P K N T J Y G S F K V F S M N J T M U T M P V J K I
W Y A M N K D V E A P X B F I R E W B V N P Z D A Q V I T
K G L G O L Y Y O C I G H N U K C T W H T T Q N M U B J O
A R L Q W B B P J R D E N T P U M F H Q B O Z R P C E F A
Q X A M X F Z F R N G X H E M L K G D J S W N C H H U A P
Z X W X K X X T G B C V X F N H Y T L M N J X L X A A P P
V O A H H G S A D A U I V L P J M X D Q R C Z E E P P I E
B X Y G Z H S M H R X R A D C A B I N E T B A T T L E N
R F A I R G T V L S N X H K Q H B U S A Y N O T O T H I S
F M M K O E M B P T R T M Z Q Y F I F T R A J I I A U B O
```

Puzzle 11

```
X L Z G X O P Y X I Q C I H N W B V H O I F I T L K L E
U X W E Q S H K E F J R B Y S Q U F N F W U R M I R B K
J T H E L P L E S S W J Y C N O R E Y W S W K C U Z I U
B L Z X Y O R K T O W N V F O N N D B X Q F I I L R K W
K T C R A L E X A N D E R H A M I L T O N S O Z J J Y M A
I G M H O T Q P W Z Z O H H T J D U E N L Y R S B S N S H
L G I V V K H Z J A G R T K P S C L D E X C Y S F A P I
N O N S T O P O E N Y L G G N Y F D F L H I Y V I V J N
R J T D N M F O W L Q A H C Y A X D J A R S X D L P E G
G D J Z W V M F F N T B A P N N I X Y S D H A C V G I T
G Q X I A Q U Y B K X L C D U S T G O T H E B X P Z W O
W E K Q I X W T V R G I K I W A U F U T K O W V W U U N
J Z G P T L C V T C F T D P X L R D L I D B X Q O A U O
C T V Z F B V Z W Q F Y A H Z N M M L M H X F P Z J K N
T E P H O X E C O I A L A Q O I H Y B E Q D V M W Y H Y
Q K U K R D K E Q J F E L O G K V X E L D Y K H L C A O
Q K N B I T S Q U I E T U P T O W N B O B E D G N G O U
I R F C T X O H W T Y J D X O R U M A R Y A M G W R A R
B L O W U S A L L A W A Y B T R F O C B D X J I H G L S
R S B F E R Z X S A T I S F I E D A K I Z P B H U U A I
T G L V T G Y O U R O B E D I E N T S E R V A N T Q X I D
A W K Y V G K V P U V X S N Z A I O N G S N F T N C R D E
K S J N Y U N I G Y U U S C Z C Q V I M I O K A M O L E
T H E R O O M W H E R E I T H A P P E N S E Q X L K O Q
S N O J D T H E S C H U Y L E R S I S T E R S M L E O N
G T R V I C R G V N L Y M D E I F H N K F X D C P M H E
Q Y X L Z P B B Y D P Z D S F Z Y X U A K T X Q W D D H
O B G E R U A N K N Y Z G B X M L K N G E R A K P P B W
```

Puzzle 12

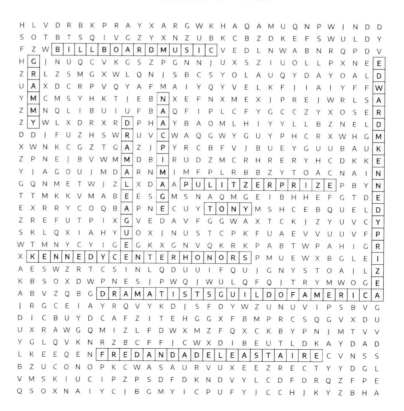

```
H L V D R B K P R A Y X A R G W K H A Q A M U Q N P W J N D D
S O T B T S Q I V G Z Y X N Z U B K C B Z D K E F S W U L D Y
F Z W B I L L B O A R D M U S I C V E D L N W A B N R Q P D V
H G J N U Q C V K G S Z N J U X S Z I U O L L P X N E E D
Z R L Z S M G X W L Q N J S B C S Y O L A U Q Y D A Y O A L W
U A X D C R P V Q Y A F M A I Y Q Y V E L K F J I A I Y F F A
Y M C M S Y H K T J E B N X E F N X M E X J P R E J W R L S R
Z M N Q L I B U I U F B A Q F I P L C F Y G C C Z Y X O S E D
Z Y W L X D R X R D P H A Y B A O M L H I Y Y L L B Z N E L M
D D J F U Z H S W R U C W A Q G W Y G U Y P H C R X W H G K
X W N K C G Z T G A Z J P Y R C B F V J B U E Y G U U B A U E
Z P N E J B V W M M D B I R U D Z M C R H R E R Y H C D K N
Y J A G O U J M D A R N M I M F P L R B B Z Y T O A C N A I N
G Q N M E T W J Z L X D A A P U L I T Z E R P R I Z E P B Y E
T T M K K V M A B E E S G M S N A Q M G E I B H H E F G T D D
E X R R Y C O Q B A P N E C U Y T O N Y M S H C E B Q U E L Y
Z R E F U T P I X G V E D A V F G G W A X T C K J Z Y U V C R
S K L Q X I A H Y U O X J N U S T C P K F U A E V V U U V F I
W T M N Y C Y I G E X V Q K R K P A B T W P A H I G Z
X K E N N E D Y C E N T E R H O N O R S P M U E W X B G L E E
A E S W Z R T C S I N L Q D U U I F Q U J G N Y S T O A J L A
K B S O X D W P N E S J P W Q J W U L Q F Q J T R Y M W O G
A B V Z Q B G D R A M A T I S T S G U I L D O F A M E R I C A
J R G C E I A Y R Q V Y K D J S F D Y W Z U N U V I P S B V G
D I C B U Y D C A F Z I T E H G G X F B M P R C S Q G V X D U
U X R A W G Q M I Z L F D W X M Z F Q X C K B Y P N J M T V V
Y G L Q V K N R Z B Y V C W X D I B E U T L D K A V I L J L A
L K E E Q E N F R E D A N D A D E L E A S T A I R E C V N S S
B Z U C O N O P K C W A S A U R V U X E E Z R E C T Y Y D G L
V M S K I U C I P Z P S D F K N D V Y L C D F D R Q Z F P E
Q S O X N A I Y C J B G M Y I C P U F Y J C C H J K Y Z B H A
```

Puzzle 13

N X W K L C F I M H A I F C A O R C H E S T R A T I O N S Q D I
V K N T S P Y U H Z F K E O E R I C R T M V G S H L O H W B O A
W N J W C B P K J P D F A S H S B I T R A M V D C Y Y H Y B E R
H F M H B J D F F L G A T T D C P D Z L D F S E B K U B U S D A
V O U W F V W W B Q X A U U F E V W R H F H F K Y U K V G M Q G
U C S S F Q R U Z E N I R M M N J G T K Q S D M L K L E V D A B
N Q F Z E X N Q K E U C E E R I S C L E U O S U X Z Q H B K Y I
M K I Z K A M X M F K E D D B C L Z A T T R R S U Q G J K Z Y F
S M Y J J G I O L K K M A E B D K M F O R I G I N A L S C O R E
T W R W K T Z X L S Q B C S U E Z L O W Y E B C P J R J C E Q Z
N V H X R Z M Q K U F P T I Y S N Z N T Q P C A E X C H R J C W
Q V U U X P N M H P K U R G F I M W X E A M M L K F T U D O F K
V H Z N O N P Q S P E N E N N G C P L M I R L T Q U I S D R I J
R M V X R E D V T Q E W S O M N N M R Q N C D H Z U C W I M C R
C L D T V M K I X Z S A S F V O V Y P V H Q R E E D K C E L N M
P Q R I T A B D J G V Y I A Z F V U I A N E A A Z G M S T X R Y
J Y A Z I L C Q N Q G I N M Q A E K B F A Q M T G V T O J Q T G
P K H R C E W G P B K S A U W M Q V R M P P A E P Y A P M E K V
F S C N X D Q U H Z L E M S A U B X G Y P Y X R A X K N C N P J
U X H C O A F Y D C B B U I W S D C Y A J Z P A W C K X U V N D
J Y O L N N H I Q W K S S C U I Y K P Y Z M E L T E G F D Y S D
V I R H K C C G I M I S I A X C A N O G Z T U B B H N E X A I T
G T E Q E E G S O U E Q C L C A F I Y F T A D U O R Q R J M L N
L Z O F N R E D N E F U A V Z L C E A L B F B M N P K F V W Z Z
C N G S L F B V A N J Q L S P H M G O W P J M N I K V B N E N L
L A R N V Q O U T S T A N D I N G E N S E M B L E B F E U C Y B
S X A D T D M L J B E S T M U S I C A L G P F Q P P C J O A T U
J N P D N A U M D I R E C T I O N O F A M U S I C A L R D Q C G
N F H X C K G B Q Y W Z G Z F W J L J U Q D N Z I R J K E A E U
L B Y L Y E F B J I Q E X F H Z V X E G R K Q G E Z J S O S J J
W G F J K R A O H R Y C Z C J O F Z M U V D U Y E S W Y T Y V E
C V J U X Z M J B B U Z A C T O R I N A M U S I C A L U T V L V

Puzzle 14

B V O K I E R I E T E O N A O D O W A N X T O T I Y
A W X Q Q O K U W S E W J G Y L I T Z F N Z X A Z V
Q I Q S O C R Q V T C C T M P F L R O I D X Q M U K
Q V T W J W X V Q S G H I J O N A T H A N G R O F F
M V O I G B N Z H W K R R F M X G Z V S E E Q N Z F
M O J D W O F Y Y M Y I E N R N J K D Y K G T V U S
S K Z X F R B I R K H S N M W L I W F D D P M P D V
A I X M U W Y I G B O T E W D V F N A D T I M B Q G
N W V D C A C R O T W O E P X R G R P U D L X L Z X
D N D U Y W T P M K E P L L E S L I E O D O M J R T
Y A U T S S H U H T L H I C A J H E C B D X V C F B
B K J G J A O S F B L E S P G O G R H T S I O D B I
L K Y N R T M Q Q J B R E L N B I K H H C Q U V L O
A M R C A X A T I D I J G D I D A V E E D D I G G S
N G T M C Z S A Q Q N A O P A U L T A Z E W E L L S
K U C E P X K G O O K C L H X Y V E S D E Y F X V C
E K Q O M G A Q B T L K D A H M I R T H O M P S O N
N U W S W L I H N J E S S B F S G U E M E O L H Z O
B W P X T C L B V E Y O B L R X S O C M F X N B D E
U C V N D W Z M X P L N E O D P C J P R B O M F D H
E M H K E W Z V Y R O F R T C D G H M L N I M T W E
H A B I U F W I J Y D H R J B B I L L S H E R M A N
L J D W S T L S S C P Z Y Q O I E Q Z R S N C I C P
E T L Z R O A B A A L E X L A C A M O I R E W M D V
R Q G F A N T H O N Y R A M O S I R P N G P X Y I E
L I N M A N U E L M I R A N D A M P M B A Y L L I X

Puzzle 15

```
L P P X V S J K Q B U B A B G L W S F P A E
F F X W P L B C V D H C X O A O N I L R P N
D R F Y K L O Y K E S F X P Q A U T Y B V G
J B A D N Q L H G T N Z A Q I C G N B D V C
H R X M S F D V R E I T F M J N T V P S R M
D I L I G E N T F R B Q J O T F F A E C W R
C O X A I U I Q U M H T M Q B M N B A V O S
M P V E O P E R S I S T E N T F G H C Z R B
R I U V A F X I N N X X Y T H J E Y E K N B
N M W E S Y P K E X X F S R S B F A F A D H
E I N M R U H O B D V M S B J G S U U D H I
W O E A A H V L D A C N K V V L H E L R O E
U N I I C X N I M I W E S D J Q F I L V I C
T A P A H G S T B L Z W U L W C H D V I I O
Q T H K I U L I I N T E L L I G E N T E C N
S E K U E W T C H L Y B Z P F S T W S N X W
P D P K V E D A W P Y C T E J D S M U Z U
G L B R E R K L M N I W G T L X Z V P R H
A K O I R I E S T R A I G H T F O R W A R D
D K R N M F M A W U L V H U R R I E D K L K
A W P O U G J E S S J Z L K R F E S F I F A
N I C W S Y U U W Z H S H W K R Z H S B Z C
```

Puzzle 16

```
P P F O V Q Q P H F Z O I G D J F A E U A T B A I
K Z R E C N B L T W J M B K R G U B F A C I P G D
S Q B Q K Y V U H Y J R X A O G U M I K K R O W N
M U S E L F T A U G H T L A W Y E R T U R Y N S
S X J L W Z L O K P F O S R A M W Z D T F L I C G
Y D U T B G M U K Q U X C O Y R A V B O V U M E T
L J M J R D Q X P Q W G U N O T L F F H F C F T L
A Q D O M I P A Q X A W Z B O G K H H Z F W T W E
D Q F I G E O N M C T L N U W Q U K Z C B R N D A
E F E D E R A L I S T P A R T Y Y J M E S Q H D N
G Y E V R B H S O F E D E R A L I S T P A P E R S
O H L E Y D C D U P D U E L C O N T R O V E R S Y
X L X X I S A R S O G O Y B L H O U U Z B U H S C
L J Y H X K R T R E A S U R Y D E P A R T M E N T
Z V W S V I I K C T K P T M V S K A D F K V C E X
S Z C Y K L B Q T R Y B H E E U Z M M S A V Z T Z
N W U B Z L L B D K Y J J E J G A V Y R H U H L D
V O O N Z E E U W V O X Z C E G J B V T R E O H A
O G Q D L D A B J H O N O R A B L E S O L D I E R
S S K P C W N P U Z W Y F U J H E U Q F V E W U O
U W S F D R D G E N I W G G N L B J F M A A N B B
R A I F S I A I D E D E C A M P A Z I V X D F J F
D K D B D T W Y P B C J R U B G O S Y H E S C O F
L F E H E E R K L P G N E W Y O R K P O S T W
P Y U B X R S B X F N O B R Q K P N G F N N F G O
```

Puzzle 17

```
G C M B I G U C B J C K F M M O S X M L Y H
Z D C K Q A Y P F K V Y P Z Z D S G N L D O
M O N J N V C H Q I N T E R N A L P A I N I
I M O G I D T U W D X K H C C T E X H M Z Q
R A P S C I J R K D P R D G V N M R O Q Q Z
R N P T G O R R Z G A X G N H A M B N T L B
F O X R D P O I L H V A O K X L A O P W Q C
Q N H T H W U C P E J H L E M E B J F Z Q F
K Y U D J O G A U C Q N T S K S A A L F N D
B M M Q F S H N N E W L I F E D N C E J Z G
Q O V F N J C E R U E V R Z Z P D E B Y M B
D U F J Y U H C H A R T E R G F O T R X T Q
M S G M H X I E Y O C L E R K C N J V A Z V
P L Y I V R L U C Y Q Z P Q Q G E Z V O S I
S E A V Q D D T K O L S L A M E D K P K L D
L T W A X S H C R M V W V N J Y J C F D N Q
A T R I D A O E K O A E C P E H Q O O F K G
V E D X D S O O P P O R T U N I T Y Z A S U
E R Z P V I D F L I Q Q D L D B R F K U Z T
R N P X W Y D E L K K B H E Z A T Z H F O Y
Y M G A S E U N Z J D X L C U L N I G K L H
U B X C H I R X Q E D P E H W S W E B B Y C
```

Puzzle 18

```
V B O S G M G O S S I P P U I C V C
X R I P R O V I D E E B T H N R C F
V E B R I D E U S R A K S B S Y K F
F D R E A M L I K E V V O X I Z X P
W R S S G G D Z D R B I L E D E E K
I X H K A K M T M U R U D T I N I L
T I H U N G E R P A N G I H O U R Q
T C A N D L E L I G H T E E U L B E
I F U N D A M E N T A L R W S I F O
E Q T P L V M Y H B P R A I S E D Q
S M P P S J V C W F R V E B G W U V
T N O U D K K R A W E K J U N D E B
B W G R O R I Q B R Z K M D B P Y L
E Y C R W G U U Q P L A L D X N F A
C B M D A R J N V A R K O E Y V U V
G L S K Y O Q I Q C A S K A N C E D
E J U D E O Y O Q D A Y E H N U R H
K H F T B M C N N P E N N I L E S S
```

Puzzle 19

```
D G X W M Y T W A B A X O F N Z S Q X U
B T S A Q B O F G L G Z Y R X O V N J D
V V G O C L M O R Y S M S R H M U U H W
Z B Z V N C B U N P R E C E D E N T E D
I C A P I T A L Y N M K U D X X B I E A
F B W L H F K C M O I P Z J L G I C V D
R S I N N E R O A Z T N M Z N E O O X N
E F R A Y W G M L I Q D E W U T D M V W
I A K K N L M P E L Z L R F D P X M D S
V A S R N M X R G T V R C Z N C G I G H
D F A C B B H O A I M M I G R A N T R K
Q D B J M D E M C H B Q L O D E B T A E
B D A Y K I A I Y U L H E K C E C E M J
W I T Y Z S Y S R R O L S N S D J E S
B X C I P A Y E I E W Y S U A F E H G S
W K O J K R W B Z P I B B Y U W D Q I R
P X E M E R G E Y A K Y U W S S N V B U
Y Z I G W A F U G U A N K A A Y D A D F
N M F K G Y M B A C I N S I G H T N O A
R X M O B P R H R F A H L F E S F T B Z
```

Puzzle 20

```
E K O I T M E D I O C R I T I E S X M I E
T X B N C O N S T I T U T I O N A N G N R
C X B N W D E L I B E R A T I O N R N D H
O A Z O G Y J R H G D F L V B Y E P X E R
N Y V C M Z S U C C I N C T D E Z V C L I
T D X E C O Z O W Q C T U Q P H L D I L
R E R N A B J Y X Z N E A J S P A Q V C B
A A C T D W O G V U X U J I T R U Q D A W
D L I T A X V A M M U N I T I O N F T T E
I U M K Y D N G F J V W W A B C J X G E L
C W S K I K F R R D Q A O B D L M P T K X
T U L B Y T M L A E V T R R A A I N Q O O
I V Q Y P F B F C L L D A A M M R W Q Q Z
O H U M W H F D T E D J A S E A A Z N H P
N A S H V U R S I G A H S I N T C W A L X
S Y Q F K L N I O A E T M V D I L V W N J
P L T L I R U R N T S K A E M O E F P O V
I I E O Q N I N D E P E N D E N C E K O V
W C F T R Z V K L T I N L K N W U P E I Q
X Z L H U L T O E T F P K G T L X V O M F
Q U Z A R B J G W L V T I U S Z U N I E X
```

Puzzle 21

```
O G W K R E S T R A I N T Q Q C P N H
Y A G D S H G A J C Y G H Q K C D C G
K Y A M A Y K E J Y V H L Z B B B B P K
O S B H I M Z K Q U S T A K E S L G X
Z I X J N N C G R Z H F K K R Z T M G
B Q Q U T S S J E B U S G W K L D T I
F S F E S C X E L F C E S D J T C H Q
L L C O L O N I E S Z N V I O V P R W
H E S I T A T E N Z M D J S S K N I W
U F T V K Z A G T Y W L D C L I H V X
G N V N T D T P L J W E S R D H X E G
X P D C G G C L E C B S C I S F R J S
I R G W W J K O S V H S N M V N H A X
A E S I Y J Z O S I N I M I T A B L E
X A H O M I L I E S L O R N K L D C E
P C F O Z S Q Z I Y F W E A U K V X H
F H B R I M S T O N E G Q T M X O E T
B E I E G S O F D N F V O E D U H D Y
T R S I N N E R S V K T A R T Q U E A
```

Puzzle 22

```
X E G Q V C W M K W T D M K P U W V N
H F K P W N D P Z M N X D T G R Y D L
B P H U G F M A Z W W O T E C Z Y N F
R X J U C D Q E X P E C T I N G F E D
A H A N D K E R C H I E F N K H E T I
V H S U L T G W U O C A F G G J I R K
E U U Q H M O U J Z K Q G H M J F U K
R W R C J X V B O M M B K S E K O F V
Y T R O B F R E E D O M R T M E W X V
A F E V A U L P T Z H X U R O I N P W
X Q N E Y H R A T M V U F A R T U F L
X L D N O O N R F I C H F Y Y A D I W
U D E A N U R A M N Y O I U M H G K O
M A R N E Z U P Z P Z F A G E L U U U
M B B T T S W E A T Q C N U E V N F R
Q C Z R L E V T F F X W S O T A S Y P
B S C R A P P Y N P F W E G C J H X Y
D U N D E R C O V E R J H S N A O H T
L A D F R Y I Y Y Y U N D R X H T X O
```

Puzzle 23

```
C X T A T N D D I K D Y J X U I K C P A R
E K A U A I E Z E A L C J H I F V O M X F
N H D N S N F U N H Z H R I I D U B A J D
H X M C C C E Z O O P W N G L J M N M Q V
Y L I O R I C T N I K Y G I O H A O A A B
S T N N I D T X T N S T K G F M Y O E G M
E R I S P E S K Q F G I N D U L G E N C E
U N S C T N L Z O L Z Y V D V K E M R L S
W Q T I U T K L Z U O B L I V I O N E L V
N G R O R S C Q J E I D K C F V G P T N M
X O A U E C B F W N M A N S I O N S R Z C
U V T S Q B M K I C C M M O T M Q I E L I
Z E I B G H I N T E N T I O N A L P A Y E
A R O E X P E C T A T I O N C J K F T I C
E N N M V B T K B T D H K Q O Y E Y H F
T M N B U J M G L Q B X E M Y T X O G M E
R E B C K L P I X U X X S E N S I B L E I
Z N F H U M A M F W W P C E Z X S G A H X
D T K H R F I D D A N X Y B R M D X W Y D
O I J F Z Y R L V L P P O O V R N V H N R
A G Z Z D B D L K E K A D K B O F R W M C
```

Puzzle 24

```
D H J V J Z Y C R I N S A N E L K
F X W G T J V S C N H X B S J E X
W O H J D C U R N D E P R J J G N
L I I U L O P I J E N H M W K G X
O Z S A V L E Z O B L G M S D Q M
Y G P P T M S T O N E F A C E D Q
A G E V R Y V V O L U M E L G G U
T V R G O S I A R B T T B T G Q S
O U O E O P V F O U R H Y T H M J
L W X K P O O U Q C B G T A P O S
E A P R W T U Z D K A T S W Q W W
R H X D E L D R O W L O H A R E M
A R Y J Y I A E L I L H Y E X W I
N F U J G G C B L L R J W E P S R
C D R G K H R E O D O U Y C F E Z
E Y X J I T E L P T O P N O T C H
I P X R H K E S D R M W I D F O B
```

Puzzle 25

```
X G L E E H U D M V H B T Y M C F T R Q K W E J
E C O N E P G D A V D B V O Z U P I M J A X O A
X C A S Q X J A R E P U B L I C J L R L C O E I
W W K U U V J A R R O G A N T X B W P C O S O D
T F Y V I B T T D J F B G D T B I A W W U S U D
B M K Q V K V B A H X J H J X G P S Y U S L U Z
G M G X O L E G I T I M A T E A Z T Y E A K N G
Q Q Q W C D A M O R A L T L Q Y U A D A T G Z T
A I H L A J P K Y P R K N S F N R V D I C J S
M I Z X T C N I D G S T H T O X W D P L O R U J
U U Y T E U B T B I O T L B P M H B J M N O Q O
D H O F B S U C C R S B T G N D O N L B S I N B
Z L K D A N G E R O U S D I S G R A C E S P H K
A P N S Z S S H I X H D F S C A E V X I G Z Q R
R V G Z X G Y N V O U H B Q H S M A D C A B U
R Y U O A G A N T W N Q H W Y C O S G Y Y X H K
G R I E V A N C E X O X S C A H N F E T L N O O
U J F L F G U N M X R Y I K S M Z V N X P E Y C
E R U R K Z A Y P A N G E R D Q C M D E G U N D
Q O R P H A N H E I V U X F D S H B O L T W S Z
W I B I E N H Y R L H G P K K G T N R Y C R Y C
R G N Z O F Z G A X D E S M U R N H S J Y W E R
C B Q J L M D D T W G V F J T Y U J E M U D L A
G Z M A N J C E E X B K Z X C V H H M L T Y M D
```

Word Scrambles

Puzzle 1

1. doianms		Madison
2. uyrasbe		Seabury
3. drloeyns		Reynolds
4. rekeac		Eacker
5. ysucelrh		Schuyler
6. nkox		Knox
7. ipeilhpp		Philippe
8. reraet		Terera
9. tesnsve		Stevens
10. eaylfteta		Lafayette
11. imhntaol		Hamilton
12. hisnnwoagt		Washington
13. elusnar		Laurens
14. fojnefres		Jefferson
15. eenreg		Greene
16. glnlamiu		Mulligan

Word Scrambles
Puzzle 2

1. ihosvmeprdie   Impoverished
2. nahcary   Anarchy
3. satute   Astute
4. mfihdsea   Famished
5. ueeitdtts   Destitute
6. memiinnt   Imminent
7. anmeetstt   Testament
8. aqulsro   Squalor
9. nisoittutre   Restitution
10. eaynacdcns   Ascendancy
11. nsominmaisu   Manumission
12. narbdish   Brandish
13. rogyidp   Prodigy
14. kwag   Gawk
15. ipeebaaucmnlh   Unimpeachable
16. bittnsilooia   Abolitionist

Answer Keys

Word Scrambles
Puzzle 3

1. tsiesddnsi	Dissidents
2. iturcied	Diuretic
3. lebarb	Rabble
4. dlcouck	Cuckold
5. cbusftoesa	Obfuscates
6. etroanp	Protean
7. tcteerin	Reticent
8. aevedtern	Venerated
9. omnsnsiamui	Manumission
10. tdecqaitu	Acquitted
11. dmouaelt	Modulate
12. amaolr	Amoral
13. rlmtcaeidliya	Diametrically
14. eiqcatoeuv	Equivocate
15. emiitianbl	Inimitable
16. iusidison	Insidious
17. cuavsuo	Vacuous

Answer Keys

Word Scrambles

Puzzle 4

1. iawt	Wait	
2. soht	Shot	
3. omro	Room	
4. aohw	Whoa	
5. iiaetfdss	Satisfied	
6. aayw	Away	
7. hye	Hey	
8. temi	Time	
9. nwok	Know	
10. gtinrwoh	Throwing	
11. ardaeenlx	Alexander	
12. verne	Never	
13. rrbu	Burr	
14. agnon	Gonna	
15. mhoianlt	Hamilton	

Answer Keys

Word Scrambles

Puzzle 5

1. spendmuyo	Pseudonym
2. kcludoc	Cuckold
3. antgrstninie	Intransigent
4. creitnet	Reticent
5. fyra	Fray
6. eofirft	Forfeit
7. arisantp	Partisan
8. ssyab	Abyss
9. iinqtgisdeu	Disquieting
10. sieelrcsm	Merciless
11. corinatter	Retraction
12. rtynyan	Tyranny
13. dtneercpe	Precedent
14. uttpars	Upstart
15. lmtpayoh	Polymath
16. toneistj	Jettison

Answer Keys

Word Scrambles
Puzzle 6

1. hhrpolosipe	Philosopher
2. rafeled	Federal
3. tdpenires	President
4. otmlaipd	Diplomat
5. leywra	Lawyer
6. riiniagv	Virginia
7. afsmtdnar	Draftsman
8. ctipiaonli	Politician
9. cubnlaripe	Republican
10. mdtarcieco	Democratic
11. sialidanlmap	Palladianism
12. iibcnaplmesru	Republicanism
13. thrcetaci	Architect
14. aatsnesmt	Statesman
15. enrpalt	Planter

Answer Keys

Word Scrambles
Puzzle 7

1. gnlaiiro	Original
2. mbeilinita	Inimitable
3. eskta	Stake
4. olve	Love
5. omliyh	Homily
6. ehpcrera	Preacher
7. tiehoosda	Theodosia
8. lgeyca	Legacy
9. nensri	Sinner
10. sreia	Raise
11. isnta	Saint
12. snllsrteee	Relentless
13. skemiat	Mistake
14. ismniatrcied	Discriminate
15. twai	Wait
16. hmy	Hym

Answer Keys

Word Scrambles
Puzzle 8

1. aplcae   Palace
2. rhgapaarp   Paragraph
3. asircu   Icarus
4. emmryo   Memory
5. enmi   Mine
6. ayclge   Legacy
7. crhdteala   Cathedral
8. rioteff   Forfeit
9. ndeeefeslss   Defenseless
10. brnu   Burn
11. etertl   Letter
12. saenwr   Answer
13. isgn   Sign
14. opniarad   Paranoid
15. nsesslees   Senseless
16. ivenatrra   Narrative

Answer Keys

Word Scrambles
Puzzle 9

1. gnoudnfi		Founding
2. hicrrneau		Hurricane
3. oalrchs		Scholar
4. frtaeh		Father
5. qaosulr		Squalor
6. siph		Ship
7. dmnailna		Mainland
8. eirncaabb		Caribbean
9. eicsuid		Suicide
10. rnhaop		Orphan
11. oerh		Hero
12. ardtsba		Bastard
13. tamscosn		Scotsman
14. attirsee		Treatise
15. nosicu		Cousin

Word Scrambles

Puzzle 10

1. teblrrei	Terrible
2. etrste	Street
3. lhicd	Child
4. yipt	Pity
5. nigalkw	Walking
6. wuntop	Uptown
7. eutqi	Quiet
8. igilaunanbem	Unimaginable
9. aehdt	Death
10. ommetn	Moment
11. anrgde	Garden
12. rgefi	Grief
13. orefngsseiv	Forgiveness
14. snffgreiu	Suffering
15. itghn	Night

Answer Keys

Word Scrambles

Puzzle 11

1. oamrnce	Romance
2. nodohrpoha	Orphanhood
3. mary	Army
4. arpty	Party
5. orlalmbo	Ballroom
6. uokdgcrbna	Background
7. izlae	Eliza
8. elov	Love
9. allb	Ball
10. dewgndi	Wedding
11. ncercon	Concern
12. deaxenlar	Alexander
13. etnigem	Meeting
14. gieamrra	Marriage
15. splhlees	Helpless

Answer Keys

Word Scrambles
Puzzle 12

1. fudoren	Founder
2. hreaaogpn	Orphanage
3. mostctipii	Optimistic
4. srhylecu	Schuyler
5. oetrmh	Mother
6. uqite	Quiet
7. stbeye	Betsey
8. wfie	Wife
9. tlesoicai	Socialite
10. iazle	Eliza
11. zial	Liza
12. rsmat	Smart
13. ahiiosptnhrtpl	Philanthropist
14. whniamd	Graham
15. rgaamh	Windham

Answer Keys

Word Scrambles

Puzzle 13

1. tdeiesnpr	President
2. nfferjose	Jefferson
3. dimnsao	Madison
4. niflciana	Financial
5. sstmye	System
6. rapietv	Private
7. rhneapgoa	Orphanage
8. dunf	Fund
9. olictcnlge	Collecting
10. aonwshgnit	Washington
11. tnmmoenu	Monument
12. agylec	Legacy
13. teim	Time
14. osrty	Story
15. psatocmcnmhiel	Accomplishment

Word Scrambles

Puzzle 14

1. ulde	Duel
2. ealcyg	Legacy
3. peotonnp	Opponent
4. deco	Code
5. ouldel	Duello
6. hots	Shot
7. ysk	Sky
8. lttuaiyenr	Neutrality
9. bgicrea	Ribcage
10. rbi	Rib
11. ianetnlr	Internal
12. gnideleb	Bleeding
13. asessnd	Sadness
14. ten	Ten
15. mtmcdonamne	Commandment
16. ivlnail	Villain
17. ihsrtyo	History

Answer Keys

Word Scrambles

Puzzle 15

1. iam	Aim
2. stifinoascat	Satisfaction
3. efsnosc	Confess
4. cepa	Pace
5. erlu	Rule
6. chgellane	Challenge
7. acpee	Peace
8. otne	Note
9. amplnmcocoe	Commonplace
10. ceod	Code
11. irraopaetnp	Preparation
12. eigttaeon	Negotiate
13. nsu	Sun
14. elinaunett	Lieutenant
15. fcea ot efac	Face to Face

Missing Letters

Puzzle 1

1. Marquis de Lafayette
2. Aaron Burr
3. Maria Reynolds
4. Angelica Schuyler
5. George Washington
6. John Laurens
7. Philip Hamilton
8. Alexander Hamilton
9. Eliza Hamilton
10. Peggy Schuyler
11. King George III
12. Hercules Mulligan
13. James Madison
14. Thomas Jefferson

Puzzle 2

1. A Winter's Ball
2. Guns and Ships
3. Right Hand Man
4. Helpless
5. Non-Stop
6. Satisfied
7. Meet Me Inside
8. Dear Theodosia
9. Aaron Burr, Sir
10. Stay Alive
11. Wait for It
12. Farmer Refuted
13. Yorktown
14. My Shot
15. Alexander Hamilton

Answer Keys

Missing Letters

Puzzle 3

1. Hurricane
2. It's Quiet Uptown
3. Whatd I Miss
4. Schuyler Defeated
5. Say No to This
6. Stay Alive
7. Cabinet Battle
8. Take a Break
9. Blow Us All Away
10. I Know Him
11. Burn
12. We Know
13. The Election of 1800
14. One Last Time

Puzzle 4

1. Orphan
2. Politician
3. West Indies
4. Cabinet Meeting
5. Military Commander
6. Statesman
7. Federalist
8. Winter Ball
9. Treasury
10. Caribbean
11. Duel
12. Legacy
13. Nevis
14. Revolution
15. Secretary

Answer Keys

Missing Letters

Puzzle 5

1. Christopher Jackson
2. Phillipa Soo
3. Lin-Manuel Miranda
4. Rene Goldsberry
5. Leslie Odom Jr.
6. Daveed Diggs
7. Jasmine Jones
8. Okieriete Onaodowan
9. Jon Rua
10. Anthony Ramos
11. Ephraim Sykes
12. Jonathan Groff
13. Sydney Harcourt
14. Thayne Jasperson

Puzzle 6

1. Outgunned
2. Distilled Spirits
3. Benign Influence
4. Intentional Error
5. Sweet Enjoyment
6. Outmanned
7. Outplanned
8. Rebellions
9. Farewell Address
10. Goodbye
11. Happy Reward
12. Outnumbered
13. Whiskey Tax
14. Hellions
15. Upright Zeal

Answer Keys

Missing Letters

Puzzle 7

1. Drama Desk
2. Clarence Derwent
3. Billboard Music
4. Drama League
5. NAACP Image
6. Grammy
7. Pulitzer Prize
8. Obie
9. Theatre World
10. Tony
11. Off-Broadway Alliance
12. Lucille Lortel
13. Laurence Olivier
14. Kennedy Center

Puzzle 8

1. Union
2. Groom
3. Satisfied
4. Climb
5. Penniless
6. Bride
7. Helpless
8. Schuyler
9. Truth
10. Revolution
11. Angelica
12. Rewind
13. Sister
14. Marry
15. Status
16. Eliza

Answer Keys

Missing Letters

Puzzle 9

1. Presidential Pressure
2. Potomac
3. Immigrant Walk
4. Smile More
5. Clermont Street
6. Click-Boom
7. Mister Burr
8. General Mercer
9. Mister Secretary
10. Debt Plan
11. Congress
12. Checkmate
13. Talk Less
14. Merciless
15. Mercer Legacy

Puzzle 10

1. Satin Dress
2. Colonial Wig
3. Robe
4. Nightdress
5. Buttoned Waistcoat
6. Skirt
7. Sleeve
8. Tricorn Hat
9. Colonial Shoes
10. Long Boots
11. Vest
12. Shirt
13. Trousers
14. Boot Tops
15. Jacket

Answer Keys

Missing Letters

Puzzle 11

1. Upside Down
2. Rochambeau
3. Covenant
4. New Nation
5. My Shot
6. Monsieur
7. Sons of Liberty
8. Hungry
9. Handkerchief
10. Scrappy
11. Stray Gunshot
12. Hercules Mulligan
13. Chesapeake Bay
14. Freedom
15. Bayonet

Puzzle 12

1. Stealing Money
2. Aaron Burr
3. Antagonist
4. Utkarsh Ambudkar
5. Senator
6. American Revolution
7. Financial Plan
8. Duel
9. Supporter
10. Dangerous Disgrace
11. Continental Army
12. Rival
13. Winter Ball
14. Party Switching
15. Political Power

Answer Keys

Missing Letters

Puzzle 13

1. British
2. Nervous Outbreak
3. Political Leader
4. President
5. Non-partisan
6. Conquer
7. Farewell Address
8. Colonel
9. Founding Father
10. Revolutionary War
11. Continental Army
12. Military General
13. Mr. President
14. Yorktown
15. Statesman

Puzzle 14

1. American Musical
2. Hip-Hop
3. Sung and Rapped
4. Historical Figures
5. Critical Acclaim
6. Pop
7. First Secretary
8. Revolutionary Moment
9. Soul
10. Founding Father
11. Off-Broadway
12. Biography
13. Show Tunes
14. Rhythm and Blues
15. Alexander Hamilton

Answer Keys

Missing Letters

Puzzle 15

1. Loudmouth
2. Redcoat
3. Ragtag
4. Tomcat
5. Firsthand
6. Camaraderie
7. Feral
8. Dollop
9. Divvy
10. Bursar
11. Manumission
12. Dreamlike
13. Adrenaline
14. Deflower
15. Knucklehead

Answer Keys

Trivia Questions Solutions

1. C	26. C	46. C
2. B	27. C	47. A
3. A	28. B	48. A
4. B	29. D	49. C
5. B	30. A	50. B
6. A	31. A	51. A
7. C	32. B	52. B
8. C	33. B	53. A
9. C	34. B	54. D
10. D	35. A	55. B
11. C	36. A	56. D
12. B	37. D	57. C
13. A	38. B	58. D
14. A	39. B	59. A
15. B	40. C	60. C
16. C	41. C	61. D
17. B	42. D	62. D
18. C	43. D	63. A
19. B	44. D	64. D
20. B	45. D	65. B
21. D		66. D
22. A		67. C
23. B		68. B
24. D		69. B
25. C		

Printed in Great Britain
by Amazon